私《わたし》たちのくらす社会《しゃかい》では，さまざまな場所《ばしょ》で情報《じょうほう》が活用《かつよう》されています。
情報社会《じょうほうしゃかい》のよさや便利《べんり》さはどういうところで見《み》られるでしょう。

スキルを使《つか》って学《まな》びを広《ひろ》げよう

いろいろなスキルを身《み》に付《つ》けてきたね

おまたせ。先生《せんせい》から付《ふ》せんをもらってきたよ。
グループ学習《がくしゅう》のテーマ設定《せってい》，付《ふ》せんを使《つか》ったら意見《いけん》をまとめやすいと思《おも》って。
りょう
みずき
ありがとう。たつやさんとも話《はな》していたけど，私《わたし》たちいろいろなことができるようになったよね。
うん。グループ学習《がくしゅう》でもおもしろいことがしたいね。

スキルを使《つか》ってできること

町《まち》の人《ひと》たちが困《こま》っているることを調《しら》べて，何《なに》か力《ちから》になれることがないか考《かんが》えたんだって。
何《なん》だか大変《たいへん》そう。ぼくたちにもできるかな。
でも，今《いま》まで私《わたし》たちがしてきたことと同《おな》じようなこともあるよね。
そうだね。やってみようよ。

1 身《み》の回《まわ》りにある コンピュータ

考《かんが》えよう

身《み》の回《まわ》りにあるコンピュータにはどんなものがあるのだろうか

ひなたさんたちが公園《こうえん》で遊《あそ》んでいると，ドローンを飛《と》ばしている人《ひと》を見《み》かけました。

コンピュータはどこに

「ドローンで何《なに》をしているのかな。」

「きっとあちこちの景色《けしき》をさつえいしているんじゃないかな。」

「ドローンで空《そら》から街《まち》の様子《ようす》を伝《つた》えていたニュースがあったよ。」

「ドローンって，コンピュータが入《はい》っているんだって。簡単《かんたん》そうだね。」

「ほかにも，コンピュータが使《つか》われているものがあるのかな。」

コンピュータに興味《きょうみ》をもったひなたさんたちは，自分《じぶん》たちの身《み》の回《まわ》りにあるコンピュータを探《さが》すことにしました。

まず，自分《じぶん》の家《いえ》にある電化製品《でんかせいひん》でコンピュータが使《つか》われているものを調《しら》べてみました。

やってみよう　コンピュータが使《つか》われていると思《おも》われる電《でん》化製品《かせいひん》を探《さが》してみましょう。

「電子《でんし》レンジでは，メニューを選《えら》べば，それに合《あ》わせた調理《ちょうり》ができるね。」

「ぼくの家《いえ》のミシンは，パネルをさわるだけでぬい方《かた》や速《はや》さを変《か》えられるよ。」

「コンピュータを使《つか》っていて，決《き》められた通《とお》りに動《うご》く仕組《しく》みになっているのかな。」

「よく行《い》くスーパーマーケットのセルフレジで簡単《かんたん》に商品《しょうひん》の計算《けいさん》ができるのは，コンピュータを使《つか》っているからかな。」

ひなたさんたちは，生活《せいかつ》の中《なか》だけでなく，広《ひろ》く社会《しゃかい》で使《つか》われているコンピュータについて調《しら》べることにしました。

➡セルフレジでの買《か》い物《もの》

ステップ1

生活《せいかつ》や社会《しゃかい》の中《なか》で使《つか》われているコンピュータ

よみもの

私《わたし》たちの生活《せいかつ》や社会《しゃかい》で使《つか》われているコンピュータには，どんなものがあるのだろうか

私《わたし》たちは毎日《まいにち》の生活《せいかつ》の中《なか》で，テレビ，スマートフォン，冷蔵庫《れいぞうこ》など，多《おお》くの機《き》器《き》を使《つか》っています。それらにはコンピュータが使《つか》われているものが多《おお》くあります。

生活《せいかつ》の中《なか》のコンピュータ

例《たと》えば，スマートフォンを使《つか》うと，電《でん》話《わ》がかけられるだけではなく，インターネットで情報《じょうほう》を見《み》たり，さまざまなデータを送受信《そうじゅしん》したりできます。また，電子《でんし》マネーや地図《ちず》のナビゲーションの利用《りよう》など，スマートフォンは人々《ひとびと》の生活《せいかつ》に欠《か》かせないものになっています。

家庭《かてい》にある電化製品《でんかせいひん》にもコンピュータが入《はい》っており，電気炊飯器《でんきすいはんき》にはいろいろなたき方《かた》がプログラムされています。洗《せん》濯機《たくき》は，衣服《いふく》の種類《しゅるい》に応《おう》じて洗《あら》い方《かた》を変《か》えることができ，エアコンは，リモコンで室温《しつおん》や湿度《しつど》を調節《ちょうせつ》することができます。また，インターネットをつないで遠隔操《えんかくそう》作《さ》できるIoT《アイオーティー》家電《かでん》も増《ふ》えています。

身《み》の回《まわ》りの社会《しゃかい》でも多《おお》くのコンピュー

↑スマートフォンによる支払《しはら》い

↑炊飯器《すいはんき》の表示《ひょうじ》

タが使《つか》われています。コンビニエンスストアではPOS《ポス》システム（バーコードなどから販売商品《はんばいしょうひん》の情報《じょうほう》を自動的《じどうてき》に記録《きろく》）を活用《かつよう》して情報《じょうほう》を集《あつ》め，仕入《しい》れや販売《はんばい》に役立《やくだ》てています。また，情報通信《じょうほうつうしん》の機能《きのう》をもったコピー機《き》で，チケット販売《はんばい》などさまざまなサービスが利用《りよう》できます。

情報通信《じょうほうつうしん》の機能《きのう》をもった機器《きき》

産業《さんぎょう》の中《なか》のコンピュータ

各産業《かくさんぎょう》では，コンピュータを使《つか》って多《おお》くの仕事《しごと》が行《おこな》われています。自動車工場《じどうしゃこうじょう》では産業用《さんぎょうよう》ロボットを使《つか》って自動車《じどうしゃ》を生《せい》産《さん》しています。農業《のうぎょう》では，自動《じどう》で運転《うんてん》する田植《たう》え機《き》が使《つか》われ，農業用水《のうぎょうようすい》の管理《かんり》をコンピュータで行《おこな》っている農家《のうか》もあります。運輸《うんゆ》でも，運行管理《うんこうかんり》システムで運行《うんこう》状況《じょうきょう》を確認《かくにん》しながら，効率的《こうりつてき》に配送《はいそう》しています。

自動車工場《じどうしゃこうじょう》で働《はたら》く産業用《さんぎょうよう》ロボット

このように私《わたし》たちの生活《せいかつ》や社会《しゃかい》では，多《おお》くのコンピュータが使《つか》われて，欠《か》かせないものになっています。そして，情報《じょうほう》技術《ぎじゅつ》の発展《はってん》は，未来《みらい》の社会《しゃかい》を大《おお》きく変《か》えていくと言《い》われています。

遠《とお》くはなれた場所《ばしょ》の人《ひと》と自分《じぶん》の分身《ぶんしん》としてコミュニケーションができるロボット

ことば

IoT《アイオーティー》（Internet of Things《インターネット オブ シングス》）＝もののインターネット。ものをインターネットに接続《せつぞく》して情報交換《じょうほうこうかん》することにより，さまざまな働《はたら》きができる仕組《しく》みのこと。

ステップ2 発表《はっぴょう》のために，コンピュータについて調《しら》べてみよう

かつどう

1. 発表《はっぴょう》の内容《ないよう》について話《はな》し合《あ》う
2. ポスター作成《さくせい》のための情報《じょうほう》を集《あつ》める
3. 情報《じょうほう》を整理《せいり》して，選《えら》ぶ

ひなたさんのクラスでは，「生活《せいかつ》や社《しゃ》会《かい》の中《なか》で使《つか》われているコンピュータ」を個人《こじん》で調《しら》べてまとめ，ポスターを作《つく》って発表《はっぴょう》することになりました。

発表《はっぴょう》の内容《ないよう》について話《はな》し合《あ》おう

はじめに，学習《がくしゅう》でどのようなことに気《き》をつけたらよいか話《はな》し合《あ》いました。

「生活《せいかつ》の中《なか》で使《つか》われているコンピュータの情報《じょうほう》が集《あつ》めやすいと思《おも》う。」

「コンピュータの特徴《とくちょう》が伝《つた》わるように見出《みだ》しやレイアウトを工夫《くふう》していきたい。」

「分《わ》かりやすくするために，話《はな》す順番《じゅんばん》を考《かんが》えて原稿《げんこう》をまとめよう。」

ポスターセッションをしよう

写真《しゃしん》や図表《ずひょう》を使《つか》ってまとめたポスターを指《さ》し示《しめ》しながら，決《き》められた時間《じかん》の中《なか》で考《かんが》えを主張《しゅちょう》する発表《はっぴょう》の方法《ほうほう》を，ポスターセッションといいます。

ポスターセッションは，少人数《しょうにんずう》で行《おこな》います。そのため，話《はな》し手《て》と聞《き》き手《て》がその場《ば》で直接《ちょくせつ》意見《いけん》交流《こうりゅう》でき，考《かんが》えが深《ふか》まります。発表《はっぴょう》の目的《もくてき》や対象《たいしょう》を意識《いしき》して行《おこな》いましょう。

ことば

レイアウト　写真《しゃしん》や文章《ぶんしょう》などを効果的《こうかてき》に見《み》やすく配列《はいれつ》すること。割付《わりつけ》とも。

スマート農業《のうぎょう》　ロボット技術《ぎじゅつ》や情報通信技術《じょうほうつうしんぎじゅつ》を活用《かつよう》して、高品質生産《こうひんしつせいさん》を可能《かのう》にする農業《のうぎょう》。

ポスター作成《さくせい》のための情報《じょうほう》を集《あつ》めよう

ひなたさんは，「農業《のうぎょう》で使《つか》われるコンピュータ」について調《しら》べることにしました。同《おな》じテーマを選《えら》んだ友達《ともだち》と情報《じょうほう》の集《あつ》め方《かた》について話《はな》し合《あ》いました。

「インターネットで調《しら》べたら，農《のう》林水産省《りんすいさんしょう》のWeb《ウェブ》ページにドローンを使《つか》った農業《のうぎょう》がのっていたよ。」

「図書館《としょかん》で，スマート農業《のうぎょう》のことが書《か》かれている本《ほん》を探《さが》そう。」

「社会《しゃかい》の学習《がくしゅう》で会《あ》った農家《のうか》の方《かた》にインタビューしてみたいな。」

情報《じょうほう》を整理《せいり》して，選《えら》ぼう

集《あつ》めた情報《じょうほう》は，表《ひょう》や思考《しこう》ツールなどを使《つか》って整理《せいり》します。伝《つた》えようとする相手《あいて》と内容《ないよう》によって，必要《ひつよう》な情報《じょうほう》は変《か》わります。ひなたさんは，次《つぎ》のことを伝《つた》えるために必要《ひつよう》な情報《じょうほう》を選《えら》びました。

- 米作《こめづく》りでのコンピュータの利用《りよう》について。
- コンピュータを使《つか》うことにより，米作《こめづく》りがどのように変《か》わったか。

↑ドローンを使《つか》った農薬散布《のうやくさんぷ》

↑原稿《げんこう》を作《つく》ってからインタビューをします。しっかりと記録《きろく》をとりましょう。

➡スキル編 ④情報《じょうほう》を集《あつ》めよう ⑥情報《じょうほう》を整理《せいり》しよう

ステップ3 ポスターを作《つく》って，発表《はっぴょう》の準備《じゅんび》をしよう

かつどう

1. ポスターを作《つく》る
2. 発表《はっぴょう》の準備《じゅんび》をする

ポスターを作《つく》ろう

集《あつ》めた資料《しりょう》をもとに，発表《はっぴょう》のためのポスターや原稿《げんこう》を作《つく》ります。

① いちばん伝《つた》えたいことを決《き》める

「米作《こめづく》りに機械《きかい》の自動運転《じどううんてん》やドローンによる農薬散布《のうやくさんぷ》などのコンピュータを使《つか》うことで，品質《ひんしつ》のよい米《こめ》ができ，作業《さぎょう》の負担《ふたん》が減《へ》った。これからの米作《こめづく》りにはコンピュータが必要《ひつよう》だ。」

② 選《えら》んだ情報《じょうほう》のレイアウトをメモする

選《えら》んだ情報《じょうほう》をどのようなレイアウトにするか考《かんが》えましょう。情報《じょうほう》の分量《ぶんりょう》にも注意《ちゅうい》しましょう。

③ ポスターを作《つく》る

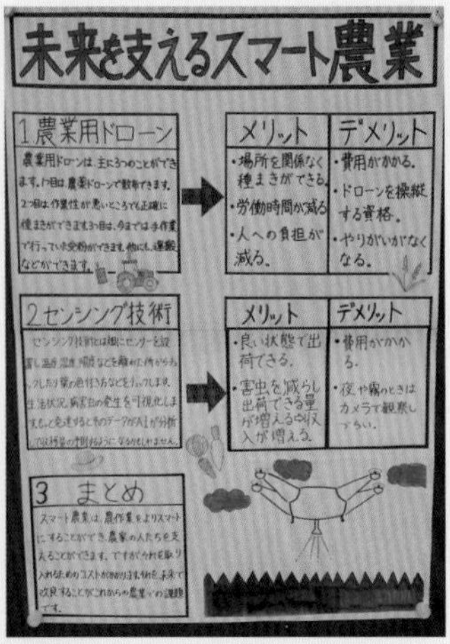

↑制作《せいさく》したポスター

●気《き》を付《つ》けること

1. テーマや見出《みだ》しの場所《ばしょ》や大《おお》きさ，色《いろ》を目立《めだ》つように工夫《くふう》する。
2. 伝《つた》えたいことが分《わ》かる写真《しゃしん》や図《ず》，表《ひょう》などを見《み》やすいように並《なら》べる。
3. キャッチコピーを考《かんが》える。例《れい》「未来《みらい》を支《ささ》えるスマート農業《のうぎょう》」
4. 文章《ぶんしょう》は短《みじか》くまとめる。

発表《はっぴょう》の準備《じゅんび》をしよう

　ポスターに合《あ》わせて発表原稿《はっぴょうげんこう》を作《つく》ります。ポスターの文字《もじ》をそのまま原稿《げんこう》にするのではなく，分《わ》かりやすい言葉《ことば》にしたり，問《と》いかけや例《れい》を入《い》れたりします。

④ 発表原稿《はっぴょうげんこう》を書《か》く

1. 結論《けつろん》（いちばん伝《つた》えたいこと）を考《かんが》える。
2. 「はじめ」「中《なか》」「終《お》わり」に分《わ》けて構成《こうせい》を考《かんが》える。
3. 「はじめ」では，調《しら》べたきっかけやはじめの考《かんが》えを述《の》べる。
4. 「中《なか》」では，調《しら》べて分《わ》かったことを述《の》べる。
5. 「終《お》わり」では，いちばん伝《つた》えたいことを述《の》べる。

「はじめは米作《こめづく》りには今《いま》の機械《きかい》で十分《じゅうぶん》だと思《おも》っていたけど，これからはコンピュータが必要《ひつよう》というように考《かんが》えが変《か》わったことを伝《つた》えたい。」

　発表原稿《はっぴょうげんこう》ができたら，発表《はっぴょう》の練習《れんしゅう》をしましょう。

⑤ 発表《はっぴょう》の練習《れんしゅう》をする

1. 相手《あいて》に伝《つた》わるように，大《おお》きな声《こえ》でゆっくりと話《はな》す。
2. 聞《き》き手《て》を見《み》て話《はな》す。
3. 指示棒《しじぼう》などで資料《しりょう》を指《さ》し示《しめ》しながら説明《せつめい》する。
4. 時間《じかん》を計《はか》りながら練習《れんしゅう》する。

　練習《れんしゅう》のときには，友達《ともだち》と聞《き》き合《あ》って，直《なお》したほうがよいところを話《はな》し合《あ》いましょう。

「聞《き》き手《て》を見《み》て話《はな》すと気持《きも》ちが伝《つた》わるよ。」

「時間《じかん》が余《あま》っていたから，コンバインの自動運転《じどううんてん》の例《れい》をくわしく話《はな》すように原稿《げんこう》を直《なお》したらよいと思《おも》う。」

➡スキル編　⑨ いろいろな方法《ほうほう》で伝《つた》えよう

ステップ4 ポスターセッションをしよう

かつどう

① ポスターセッションをする

発表《はっぴょう》の手順《てじゅん》

ポスターセッションは次《つぎ》のような手順《てじゅん》で行《おこな》います。

1. 話《はな》し手《て》と聞《き》き手《て》に分《わ》かれる。
2. 話《はな》し手《て》は，いくつかの場所《ばしょ》に分《わ》かれて同時《どうじ》に発表《はっぴょう》を行《おこな》う。聞《き》き手《て》は，その中《なか》から自分《じぶん》が聞《き》きたい発表《はっぴょう》を選《えら》ぶ。
3. 同《おな》じ発表《はっぴょう》を２～３回《かい》くり返《かえ》して行《おこな》い，いくつもの発表《はっぴょう》を聞《き》けるようにする。
4. 聞《き》き手《て》はできるだけ質問《しつもん》をして，話《はな》し合《あ》いが深《ふか》まるようにする。

ひなたさんは，ポスターの中《なか》のドローンの写真《しゃしん》を指《さ》し示《しめ》して強調《きょうちょう》したり，「米《こめ》作《づく》りにどんな変化《へんか》があったと思《おも》いますか。」と問《と》いかけたりして発表《はっぴょう》しました。発表《はっぴょう》の後《あと》には，質問《しつもん》に答《こた》えました。

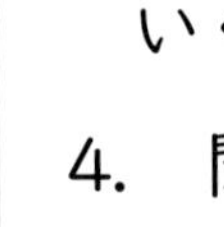

「コンピュータを使《つか》った米作《こめづく》りはこれから広《ひろ》まっていくのですか。」

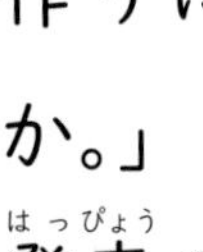

「農林水産省《のうりんすいさんしょう》のWeb《ウェブ》ページから，どんどん進《すす》めようとしていることが分《わ》かります。広《ひろ》まると思《おも》います。」

質問《しつもん》に答《こた》えるときは，質問者《しつもんしゃ》を見《み》ながら話《はな》そう。

聞《き》き手《て》が気《き》をつけること

クラスでは発表《はっぴょう》を６人《にん》ずつ，５回《かい》の計画《けいかく》で行《おこな》いました。ひなたさんは，３回目《かいめ》に発表《はっぴょう》し，ほかのときは聞《き》き手《て》になりました。聞《き》き手《て》として，次《つぎ》のことに気《き》を付《つ》けました。

- 自分《じぶん》にとって関心《かんしん》のある内容《ないよう》の発表者《はっぴょうしゃ》を選《えら》ぶ。
- 話《はな》し手《て》がどのようなことを伝《つた》えようとしているのか考《かんが》えて聞《き》く。
- どのような質問《しつもん》や感想《かんそう》を言《い》うか，考《かんが》えながら聞《き》く。

発表《はっぴょう》を聞《き》いた後《あと》には，よかったところや直《なお》したほうがよいところをカードに書《か》いて，話《はな》し手《て》にわたしましょう。

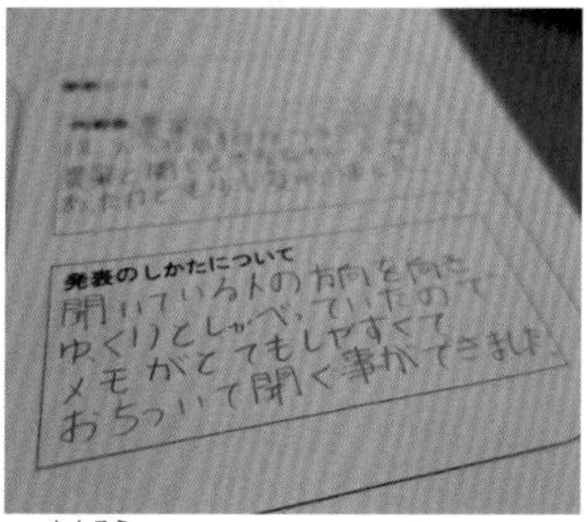

↑感想《かんそう》カード

「農業《のうぎょう》の課題《かだい》を解決《かいけつ》するためにスマート農業《のうぎょう》が期待《きたい》されていることがよく伝《つた》わってくる発表《はっぴょう》でした。」

「これからの社会《しゃかい》でコンピュータを使《つか》うことの大切《たいせつ》さが，発表《はっぴょう》から分《わ》かりました。発表《はっぴょう》のときにはもっと聞《き》き手《て》を見《み》て，大事《だいじ》なときにだけ指示棒《しじぼう》を使《つか》えばよいと思《おも》いました。」

自分《じぶん》の発表《はっぴょう》についてもふり返《かえ》って，よかった点《てん》や直《なお》したい点《てん》の記録《きろく》をとっておき，次《つぎ》の発表《はっぴょう》に生《い》かすようにしましょう。

2 情報社会《じょうほうしゃかい》での買《か》い物《もの》

考《かんが》えよう

情報社会《じょうほうしゃかい》での買《か》い物《もの》の仕方《しかた》について考《かんが》える

みなさんは，普段《ふだん》，どんなふうに買《か》い物《もの》をしますか。生活《せいかつ》に欠《か》かせない買《か》い物《もの》について考《かんが》えてみましょう。

いろいろな買《か》い物《もの》の仕方《しかた》

たつやさんのクラスでは，運動会《うんどうかい》でおそろいのバンダナを準備《じゅんび》することになりました。

「クラスの人数分《にんずうぶん》のバンダナ，どこで売《う》っているかな。」

「近所《きんじょ》のお店《みせ》に，数枚《すうまい》なら置《お》いてあったけど，みんなの分《ぶん》はなかったと思《おも》う。」

「となり町《まち》の大型《おおがた》ショッピングモールに行《い》けばあるかもしれないけど，ちょっと遠《とお》いよね。」

このように，ほしいものが近所《きんじょ》のお店《みせ》にないときには，インターネットで買《か》う方法《ほうほう》があります。

「インターネットを使《つか》った買《か》い物《もの》ってどうやってするんだろう。」

「お店《みせ》でする買《か》い物《もの》と，どんなところがちがうんだろう。」

続《つづ》いて，たつやさんたちは，バンダナの代金《だいきん》を支払《しはら》う方法《ほうほう》について話《はな》し合《あ》いました。

「みんなから集《あつ》めたバンダナの代金《だいきん》は，お店《みせ》で支払《しはら》うんだよね。」

「でも，集《あつ》めたお金《かね》を持《も》っていったら，きっとすごい小銭《こぜに》の量《りょう》になるよね。たくさんの小銭《こぜに》を持《も》ち歩《ある》くのって，ちょっと大変《たいへん》かもしれない。」

「支払《しはら》うときに，お店《みせ》の人《ひと》が金額《きんがく》を確認《かくにん》するのにも時《じ》間《かん》がかかりそう。」

このように，直接現金《ちょくせつげんきん》で支払《しはら》うのが大変《たいへん》なときには，キャッシュレス決済《けっさい》という方法《ほうほう》があります。

「キャッシュレス決済《けっさい》にはどんな方法《ほうほう》があるんだろう。」

「どんなところが便利《べんり》なのか，もっと知《し》りたいな。」

情報社会《じょうほうしゃかい》での買《か》い物《もの》について，みんなで考《かんが》えてみましょう。

ことば

キャッシュレス　お金《かね》を支払《しはら》う・受《う》け取《と》るときに，お札《さつ》や小銭《こぜに》といった現金《げんきん》を使《つか》わずにやりとりすること。クレジットカードや電子《でんし》マネー，スマートフォンを使《つか》ったコード読《よ》み取《と》り方式《ほうしき》など，いろいろな種類《しゅるい》があります。

ステップ1 情報社会《じょうほうしゃかい》での買《か》い物《もの》

よみもの
情報社会《じょうほうしゃかい》での買《か》い物《もの》は，どのように行《おこな》われているのだろうか

情報社会《じょうほうしゃかい》では，インターネットを通《つう》じて，これまで実際《じっさい》にお店《みせ》に行《い》っていた買《か》い物《もの》とはちがう方法《ほうほう》で買《か》い物《もの》をすることができます。

インターネットでの買《か》い物《もの》

例《たと》えば，インターネットで本《ほん》を買《か》う場面《ばめん》を考《かんが》えてみましょう。買《か》うためには，まず，本《ほん》を買《か》うためのWeb《ウェブ》ページを開《ひら》きます。すると，そこには，「今週《こんしゅう》のランキング」「今話題《いまわだい》の○○についての本《ほん》」「○円《えん》で買《か》える本《ほん》」などの情報《じょうほう》がすでに表示《ひょうじ》されています。もしこれまでにそのWeb《ウェブ》ページを使《つか》って本《ほん》を買《か》ったことがある場合《ばあい》には，何《なに》も情報《じょうほう》を入力《にゅうりょく》しなくても，画面上《がめんじょう》におすすめの商品《しょうひん》が出《で》てくることがあります。これは，これまで買《か》った品物《しなもの》の情報《じょうほう》をＡＩ《エーアイ》が分析《ぶんせき》し，みなさんがほしいと思《おも》う本《ほん》を予測《よそく》して出《だ》されたものです。

Amazon《アマゾン》サイト本《ほん》カテゴリーのトップページの写真《しゃしん》

ことば
情報社会《じょうほうしゃかい》　スマートフォンやコンピュータなどのさまざまな情報機器《じょうほうきき》により，多《おお》くの人《ひと》が大量《たいりょう》の情報《じょうほう》をやりとりすることができる社会《しゃかい》。適切《てきせつ》な情報《じょうほう》を選《えら》んだり，情報《じょうほう》機器《きき》を効果的《こうかてき》に使《つか》ったりすることが求《もと》められます。

このように，Web《ウェブ》ページを利用《りよう》して買《か》い物《もの》をする場合《ばあい》，みなさんが効率《こうりつ》よく買《か》い物《もの》をするための工夫《くふう》がいろいろなところに見《み》られます。

インターネットでのお金《かね》のやりとり

インターネットの仕組《しく》みを利用《りよう》すると，現金《げんきん》をやり取《と》りしなくても買《か》い物《もの》をすることができます。

電子《でんし》マネーを使《つか》って買《か》い物《もの》をするとき，カードやスマートフォンとお店《みせ》の読《よ》み取《と》り機《き》だけで買《か》い物《もの》ができます。カードにあらかじめ入力《にゅうりょく》された情報《じょうほう》を読《よ》み取《と》り機《き》が読《よ》みこむと，カードにチャージされたお金《かね》や登録《とうろく》された銀行口座《ぎんこうこうざ》からお金《かね》が支払《しはら》われます。支払《しはら》い方法《ほうほう》によっては，同時《どうじ》にポイントが貯《た》まることもあります。インターネット上《じょう》でお金《かね》がやりとりされるので，お札《さつ》や小銭《こぜに》を持《も》っていなくても買《か》い物《もの》をすることができます。

情報社会《じょうほうしゃかい》で行《おこな》われる買《か》い物《もの》には，お店《みせ》に行《い》ってする買《か》い物《もの》とはちがったよさや便《べん》利《り》さがあります。情報《じょうほう》社会《しゃかい》での買《か》い物《もの》は，どのような仕組《しく》みで成《な》り立《た》っているのでしょうか。

電子《でんし》マネーで支払《しはら》いをしている様子《ようす》

ことば

AI《エーアイ》　日本語《にほんご》では「人工知能《じんこうちのう》」と言《い》います。コンピュータの計算機能《けいさんきのう》を使《つか》って，大《たい》量《りょう》の情報《じょうほう》を処理《しょり》し，いろいろなことを予想《よそう》したり，自動《じどう》で作業《さぎょう》を行《おこな》ったりすることができます。

チャージ　カードや携帯電話《けいたいでんわ》に，専用《せんよう》の機械《きかい》やソフトを使《つか》って入金《にゅうきん》すること。カードや携帯電話《けいたいでんわ》には，入金《にゅうきん》した金額《きんがく》が使用《しよう》できるお金《かね》のデータとして保存《ほぞん》されます。

ステップ2 情報社会《じょうほうしゃかい》での買《か》い物《もの》について調《しら》べよう

かつどう

1. 学習《がくしゅう》の見通《みとお》しをもつ
2. グループに分《わ》かれ，インターネット，アンケート，インタビューなどの方法《ほうほう》で情《じょう》報《ほう》を集《あつ》める

たつやさんたちは，インターネットを使《つか》った買《か》い物《もの》とキャッシュレス決済《けっさい》について，みんなで調《しら》べたことをまとめてガイドブックを作《つく》ることにしました。

学習《がくしゅう》の見通《みとお》しをもとう

はじめに，学習《がくしゅう》の進《すす》め方《かた》について確認《かくにん》しました。

「まずは，インターネットでの買《か》い物《もの》やキャッシュレス決済《けっさい》がどのように行《おこな》われているのか，調《しら》べなきゃいけないね。」

「集《あつ》めた情報《じょうほう》はそのまま全部《ぜんぶ》のせるのではなく，種類《しゅるい》分《わ》けしたり，比《くら》べたりして，整理《せいり》する必要《ひつよう》があるね。」

「ガイドブックにまとめるときは，見出《みだ》しやレイアウトを工夫《くふう》するんだったよね。」

情報《じょうほう》を集《あつ》めよう

たつやさんのグループは，キャッシュレス決済《けっさい》について調《しら》べることにしました。グループの友達《ともだち》と情報《じょうほう》の集《あつ》め方《かた》について話《はな》し合《あ》いました。

「どんな種類《しゅるい》の支払《しはら》い方法《ほうほう》があるのか，インターネットで調《しら》べてみるね。」

「実際《じっさい》に買《か》い物《もの》をしたことがある人《ひと》にインタビューをすると，よさが分《わ》かりやすいんじゃないかな。」

「どの方法《ほうほう》を利用《りよう》しているのか，お家《うち》の人《ひと》にアンケートをとってみたいな。」

話《はな》し合《あ》ったことをもとに，「何《なに》を」「どの方法《ほうほう》で調《しら》べるのか」確認《かくにん》しましょう。

インターネットで調《しら》べる

インターネットでは，次《つぎ》のようなことを調《しら》べることができます。

- キャッシュレス決済《けっさい》の種類《しゅるい》
- キャッシュレス決済《けっさい》の仕組《しく》み
- それぞれのキャッシュレス決済《けっさい》の特徴《とくちょう》

インタビューで調《しら》べる

インタビューでは，次《つぎ》のようなことを調《しら》べることができます。

- 自分《じぶん》が感《かん》じるキャッシュレス決済《けっさい》のよさ
- キャッシュレス決済《けっさい》をするときに気《き》を付《つ》けていること

アンケートで調《しら》べる

アンケートでは，次《つぎ》のようなことを調《しら》べることができます。

- クラスのみんなのキャッシュレス決済《けっさい》の経験《けいけん》のある，なし
- お家《うち》の人《ひと》が利用《りよう》しているキャッシュレス決済《けっさい》の種類《しゅるい》とその割合《わりあい》

ステップ3　調《しら》べたことをもとに整理《せいり》しよう

かつどう

① 調《しら》べた内容《ないよう》を出《だ》し合《あ》う

② 出《だ》し合《あ》った情報《じょうほう》を整理《せいり》する

情報社会《じょうほうしゃかい》での買《か》い物《もの》について調《しら》べた内容《ないよう》を出《だ》し合《あ》い，整理《せいり》しよう

たつやさんたちのグループは，キャッシュレス決済《けっさい》について集《あつ》めた情報《じょうほう》を出《だ》し合《あ》いました。

集《あつ》めた情報《じょうほう》（例《れい》）

- キャッシュレス決済《けっさい》は，大《おお》きく「前払《まえばら》い」「その場払《ばばら》い」「後払《あとばら》い」の３種類《しゅるい》に分《わ》けられる。（クレジットカード会社《がいしゃ》のサイトより）
- カードやスマートフォンに記録《きろく》された情報《じょうほう》を，専用《せんよう》の機械《きかい》で読《よ》み取《と》ると支払《しはら》いが完了《かんりょう》する。（電子《でんし》マネーのサイトより）
- キャッシュレス決済《けっさい》を利用《りよう》すると，ポイントがたまる。（クレジットカード会社《がいしゃ》のサイトより）
- 「お金《かね》のやりとりを直接《ちょくせつ》しないので，使《つか》えるお金《かね》がどれだけあるのか，今日《きょう》はお金《かね》をどれだけ使《つか》ったのか，といったお金《かね》の管理《かんり》をする必要《ひつよう》がある。（父《ちち》より）」

①学級《がっきゅう》のキャッシュレス決済《けっさい》の経験《けいけん》の有無《うむ》

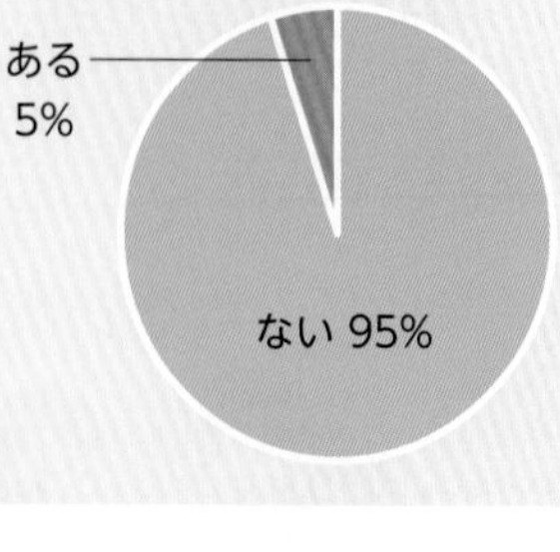

②保護者《ほごしゃ》のキャッシュレス決済《けっさい》の種類《しゅるい》とその割合《わりあい》

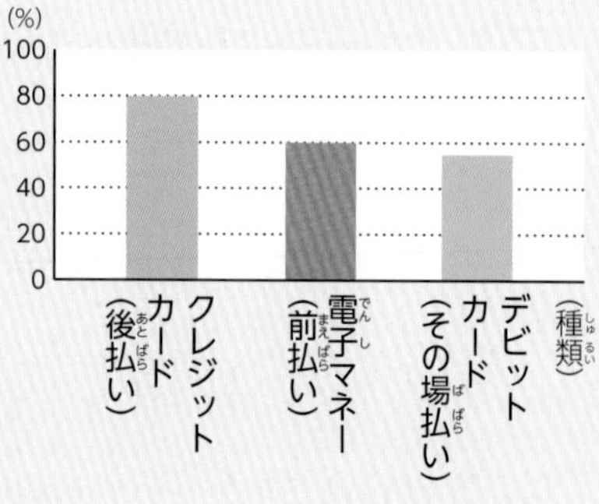

インターネットでの買《か》い物《もの》について調《しら》べたグループは，次《つぎ》のような情報《じょうほう》を集《あつ》めました。

集《あつ》めた情報《じょうほう》（例《れい》）

- インターネットで買《か》い物《もの》をするときには，自分《じぶん》が買《か》いたいものを取《と》りあつかっている専用《せんよう》サイトを開《ひら》いて，買《か》う商品《しょうひん》や支払《しはら》いの方法《ほうほう》を決《き》めて，必要《ひつよう》な情報《じょうほう》を入力《にゅうりょく》することで買《か》い物《もの》ができる。（生活情報《せいかつじょうほう》のサイトより）
- 買《か》い物《もの》の専用《せんよう》サイトでは，食《た》べ物《もの》や飲《の》み物《もの》，服《ふく》や文房具《ぶんぼうぐ》などの日用品《にちようひん》から，冷蔵庫《れいぞうこ》やテレビなどの電化製品《でんかせいひん》，コンサートのチケットやホテルの予約《よやく》など，非常《ひじょう》に多《おお》くの種類《しゅるい》のものを買《か》うことができる。（買《か》い物専用《ものせんよう》サイトより）
- 「家《いえ》にいたままで，場所《ばしょ》や時間《じかん》に関係《かんけい》なく買《か》い物《もの》をすることができるのが便利《べんり》。（父《ちち》より）」
- 「お店《みせ》で買《か》うより，豊富《ほうふ》な種類《しゅるい》の中《なか》から商品《しょうひん》を選《えら》ぶことができる。（母《はは》より）」
- インターネットで買《か》い物《もの》をするときには，名前《なまえ》や住所《じゅうしょ》，電話番号《でんわばんごう》などの個人情報《こじんじょうほう》が必要《ひつよう》。（買《か》い物専用《ものせんよう》サイトより）

集《あつ》めた情報《じょうほう》は，付《ふ》せんやカード，思考《しこう》ツールを使《つか》って分類《ぶんるい》し，ガイドブックにのせる内容《ないよう》を整《せい》理《り》します。

それぞれのグループが集《あつ》めた情報《じょうほう》を見《み》て，たつやさんたちは気付《きづ》いたことを話《はな》し合《あ》いました。

「情報社会《じょうほうしゃかい》の買《か》い物《もの》では，お店《みせ》に行《い》かなくても買《か》い物《もの》できたり，少《すく》ない手順《てじゅん》で支払《しはら》いができたりと，場所《ばしょ》や時間《じかん》にしばられない買《か》い物《もの》ができるんだね。」

「お店《みせ》でする買《か》い物《もの》と比《くら》べると，情報社会《じょうほうしゃかい》の買《か》い物《もの》のいいところは，『むだが減《へ》る』ってことかな。」

「自分《じぶん》で買《か》い物《もの》の管理《かんり》をしたり，個人情報《こじんじょうほう》の取《と》りあつかいに気《き》を付《つ》けたりする必要《ひつよう》があるんだね。」

➡スキル編　⑥ 情報《じょうほう》を整理《せいり》しよう　⑦ 表《ひょう》やグラフで表《あらわ》そう

ステップ4　整理《せいり》したことを伝《つた》えよう

かつどう

1. 調《しら》べたことをまとめる
2. 情報社会《じょうほうしゃかい》での買《か》い物《もの》について気《き》を付《つ》けることを話《はな》し合《あ》う

調《しら》べたことをまとめよう

調《しら》べたことをもとに，情報社会《じょうほうしゃかい》での買《か》い物《もの》について，次《つぎ》のようにまとめました。

知《し》ってた？　キャッシュレス決済《けっさい》のひみつ

みなさんは，「キャッシュレス決済《けっさい》」という言葉《ことば》を聞《き》いたことがありますか？最近《さいきん》，この「キャッシュレス決済《けっさい》」を利用《りよう》する人《ひと》が増《ふ》えてきています。「キャッシュレス決済《けっさい》」の種類《しゅるい》やそれぞれの方法《ほうほう》の特徴《とくちょう》を知《し》って，情報社会《じょうほうしゃかい》での買《か》い物《もの》について，考《かんが》えてみましょう。

ひみつ　その1　キャッシュレス決済《けっさい》の種類《しゅるい》

キャッシュレス決済《けっさい》は，大《おお》きく３つの種類《しゅるい》に分《わ》けられます。

【前払《まえばら》い】：Suica《スイカ》やnanaco《ナナコ》といった電子《でんし》マネーなど，あらかじめ金額《きんがく》をチャージしておくもの

【その場払《ばばら》い】：デビットカードなど，支払《しはら》いと同時《どうじ》に銀行口座《ぎんこうこうざ》から代金《だいきん》が引《ひ》き落《お》とされるもの

【後払《あとばら》い】：クレジットカードのように，後日代金《ごじつだいきん》を請求《せいきゅう》されるもの（以上《いじょう》，Web《ウェブ》ページ「キャッシュレス決済《けっさい》の基本《きほん》」による）

ひみつ　その2　世界《せかい》のキャッシュレス事情《じじょう》

日本以外《にほんいがい》の国《くに》では，キャッシュレス決済《けっさい》はどのように受《う》け入《い》れられているのでしょうか。いくつかの国《くに》を調《しら》べてみました。

（以上《いじょう》，Web《ウェブ》ページ「キャッシュレス決済《けっさい》に関《かん》する調査《ちょうさ》」による）

日本以外《にほんいがい》の国《くに》では，キャッシュレス決済《けっさい》が生活《せいかつ》になじんでいる国《くに》もあるようです。

読《よ》み手《て》をひきつけるような見出《みだ》し(キャッチコピー)をつけましょう。

文字《もじ》のフォントや大《おお》きさ，色《いろ》などを工夫《くふう》しましょう。

参考《さんこう》にした資料《しりょう》の名前《なまえ》を書《か》きましょう。

伝《つた》えたいことが分《わ》かる写真《しゃしん》や図《ず》，表《ひょう》などを使《つか》いましょう。

調《しら》べた事実《じじつ》に対《たい》して自分《じぶん》の考《かんが》えや感想《かんそう》を書《か》くといいです。

こんなことまでできる！

インターネットでの買《か》い物《もの》いろいろ

買《か》い物《もの》の経験《けいけん》についてクラスメート35人《にん》にアンケートをとりました（複数回答可《ふくすうかいとうか》）。

●普段家《ふだんいえ》の人《ひと》はどんな方法《ほうほう》で買《か》い物《もの》をしているか

買《か》い物《もの》の方法《ほうほう》	人数《にんずう》（人《にん》）
スーパーでお金《かね》を払《はら》う	30
インターネットでクレジットカードで買《か》う	15
スーパーで電子《でんし》マネーで支払《しはら》う	13
ネットオークションでクレジットカードで買《か》う	1

アンケートの結果《けっか》から，スーパーでお金《かね》を支払《しはら》って買《か》い物《もの》をする人《ひと》の次《つぎ》に，インターネットで買《か》い物《もの》をしている人《ひと》が多《おお》いことが分《わ》かりました。

みんなはインターネットを使《つか》ってどんな買《か》い物《もの》をしているのでしょうか。なぜ，みんなはインターネットで買《か》い物《もの》をするのでしょうか。

お家《うち》の人《ひと》にたずねたインターネットでの買《か》い物《もの》のいいところ

- 家《いえ》にいたまま，必要《ひつよう》なものを買《か》うことができる。
- お店《みせ》にはない種類《しゅるい》のものを買《か》うことができる。

…………

情報社会《じょうほうしゃかい》での買《か》い物《もの》について気《き》を付《つ》けることを話《はな》し合《あ》おう

できあがったガイドブックを見《み》ながら，みんなで情報社会《じょうほうしゃかい》での買《か》い物《もの》について，気《き》を付《つ》けることを話《はな》し合《あ》いました。

「お店《みせ》でお金《かね》を支払《しはら》ってする買《か》い物《もの》，キャッシュレスでの買《か》い物《もの》，インターネットを使《つか》った買《か》い物《もの》など，目的《もくてき》に応《おう》じて，それぞれの方法《ほうほう》を選《えら》ぶといいね。」

「ニュースで，他人《たにん》の個人情報《こじんじょうほう》を使《つか》った『なりすまし』についてやっていたよ。」

「情報社会《じょうほうしゃかい》の買《か》い物《もの》は，便利《べんり》だけど，お店《みせ》で買《か》い物《もの》をするときには気《き》にしなかったことも気《き》を付《つ》ける必要《ひつよう》があるんだね。」

3 情《じょう》報《ほう》発《はっ》信《しん》の光《ひかり》と影《かげ》

考《かんが》えよう

よりよい情報発信《じょうほうはっしん》のためにはどのようにすればよいのだろうか

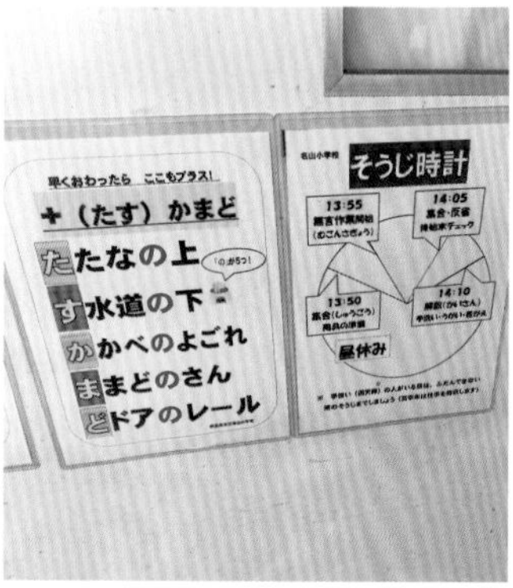

みずきさんのクラスでは，教室《きょうしつ》の掲示《けいじ》物《ぶつ》には何《なに》があるのかをふり返《かえ》り，よりよい情報発信《じょうほうはっしん》をしたいと考《かんが》えています。

教室《きょうしつ》にある情報《じょうほう》

「私《わたし》たちの教室《きょうしつ》には，どんな掲示《けいじ》物《ぶつ》があるのかな。」

「先生《せんせい》がはってくれたものと私《わたし》たちの活動《かつどう》のものと二《ふた》つの種類《しゅるい》があるよ。」

「先生《せんせい》がはったものには，学校《がっこう》の予定《よてい》や時間割《じかんわり》，学校教育目標《がっこうきょういくもくひょう》があるね。」

「その日《ひ》だけに関係《かんけい》する情報《じょうほう》は，黒板《こくばん》にはられて，すぐにはがされるよね。」

「つまり，ずっと必要《ひつよう》な情報《じょうほう》と，そのときだけ必要《ひつよう》な情報《じょうほう》に分《わ》けることができるんだね。」

掲示物《けいじぶつ》などの情報《じょうほう》は便利《べんり》ですが，困《こま》ったこともあったようです。

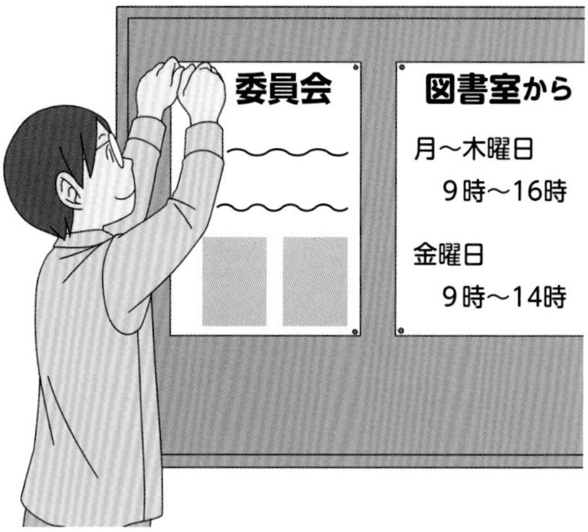

「学級活動《がっきゅうかつどう》や委員会《いいんかい》活動《かつどう》で伝《つた》えたい情報《じょうほう》があるときは，掲示《けいじ》物《ぶつ》にしてはっているね。」

「掲示物《けいじぶつ》があるからいつでも確認《かくにん》できるけど，古《ふる》い情報《じょうほう》だったり，ときどきまちがった情報《じょうほう》があったりして，困《こま》ることがあるよ。」

「この前《まえ》，掲示物《けいじぶつ》で図書室《としょしつ》が開《あ》いている時間《じかん》を確認《かくにん》してから本《ほん》を借《か》りにいったんだけど，閉《し》まっていて困《こま》ったんだよね。」

「古《ふる》いお知《し》らせで，最新《さいしん》の情報《じょうほう》とはちがっていたみたい。今《いま》は新《あたら》しい情報《じょうほう》が出《で》てるよ。」

「情報《じょうほう》を発信《はっしん》するときは，正《ただ》しい情報《じょうほう》か，新《あたら》しい情報《じょうほう》かをきちんと確認《かくにん》しないといけないと思《おも》う。」

「学校《がっこう》で一人《ひとり》ずつパソコンを持《も》つようになって，パソコンでも学級便《がっきゅうだよ》りや委員会《いいんかい》のお知《し》らせが発信《はっしん》されるようになったね。」

「紙《かみ》の掲示物《けいじぶつ》でもパソコンでも，情報《じょうほう》がまちがっていたり古《ふる》かったりすると，困《こま》っちゃう。」

「もっと情報発信《じょうほうはっしん》についてくわしく知《し》っておかないと，クラスの中《なか》でも生活《せいかつ》の中《なか》でも困《こま》ってしまいそう。」

ステップ1 生活《せいかつ》を支《ささ》えるインターネットの光《ひかり》と影《かげ》

よみもの
私《わたし》たちが利用《りよう》しているインターネットにはどんな光《ひかり》と影《かげ》があるのだろうか

私《わたし》たちが情報《じょうほう》を受《う》け取《と》ったり，発信《はっしん》したりするメディアには，テレビ，ラジオ，新聞《しんぶん》，雑誌《ざっし》などさまざまなものがあります。インターネットもそのうちの一《ひと》つです。これらのメディアの中《なか》で情報発信《じょうほうはっしん》をだれでも可能《かのう》にしたのがインターネットです。

インターネットの光《ひかり》

インターネットが便利《べんり》だといわれる理由《りゆう》に　①世界中《せかいじゅう》に情報《じょうほう》を発信《はっしん》できること　②たくさんの情報《じょうほう》を集《あつ》められること　③知《し》りたい情報《じょうほう》にだけアクセスできることが挙《あ》げられます。

インターネットでは，メールやブログ，Facebook《フェイスブック》，Twitter《ツイッター》，Instagram《インスタグラム》，LINE《ライン》などのＳＮＳ《エスエヌエス》（Social《ソーシャル》 Networking《ネットワーキング》 Service《サービス》）で手軽《てがる》に情報発信《じょうほうはっしん》でき，さまざまな人《ひと》とコミュニケーションできます。中《なか》でもメールは，はば広《ひろ》い年齢層《ねんれいそう》で日常的《にちじょうてき》に利用《りよう》されています。ＳＮＳ《エスエヌエス》だと，世界的《せかいてき》にはFacebook《フェイスブック》が最《もっと》も利用《りよう》されており，日本《にほん》ではLINE《ライン》が広《ひろ》く使《つか》われています。

ことば　肖像権《しょうぞうけん》　自分《じぶん》の顔《かお》や姿《すがた》を他人《たにん》に勝手《かって》にさつえい・描写《びょうしゃ》・公表《こうひょう》などされない権利《けんり》。

スマートフォンやテレビ，ゲーム機《き》などインターネットが利用可能《りようかのう》な機器《きき》が増《ふ》えたことで，駅《えき》や空港《くうこう》，飲食店《いんしょくてん》などで無《む》料《りょう》のWi-Fi《ワイファイ》が提供《ていきょう》されるようになりました。また，高速《こうそく》インターネットによって，音楽《おんがく》や動画《どうが》，ゲームといったさまざまな情報《じょうほう》がより快適《かいてき》に利用《りよう》できるようになりました。「いつでも，どこでも，だれでも，すぐに」情報発信《じょうほうはっしん》ができる手軽《てがる》さが，インターネットの最大《さいだい》の特徴《とくちょう》であり「光《ひかり》」であると言《い》えるでしょう。

インターネットの影《かげ》

一方《いっぽう》，インターネットの「影《かげ》」の側面《そくめん》にも目《め》を向《む》けなければなりません。スマートフォンのカメラ機能《きのう》によって，写真《しゃしん》をさつえいしてインターネットで発信《はっしん》する機会《きかい》が増《ふ》えました。他人《たにん》をさつえいするときには許可《きょか》が必要《ひつよう》ですが，許可《きょか》なくさつえいし，インターネットにのせることで「肖像権《しょうぞうけん》」を侵害《しんがい》してしまうことがあります。悪《わる》ふざけをした写真《しゃしん》や動画《どうが》をインターネットに発信《はっしん》することで「炎上《えんじょう》」することもあります。

また，近年《きんねん》では有名人《ゆうめいじん》や芸能人《げいのうじん》をはじめ，個人《こじん》に対《たい》する「ひぼう中傷《ちゅうしょう》」や，事実《じじつ》とはちがう情報《じょうほう》を発信《はっしん》する「フェイクニュース」などが話題《わだい》になることもあります。

やってみよう インターネットによって困《こま》るようになったことや，事件《じけん》，問題点《もんだいてん》を挙《あ》げたり，調《しら》べたりしましょう。

ことば

Wi-Fi《ワイファイ》　無線《むせん》でネットワークに接続《せつぞく》する技術《ぎじゅつ》のこと。

炎上《えんじょう》　インターネット上《じょう》での不祥事《ふしょうじ》や失言《しつげん》などをきっかけに，非難《ひなん》・批判《ひはん》がおし寄《よ》せて，収拾《しゅうしゅう》が付《つ》かなくなっている事態《じたい》や状況《じょうきょう》。

ステップ2 情報発信《じょうほうはっしん》の光《ひかり》と影《かげ》について調《しら》べよう

かつどう

1. インターネット，アンケート，インタビューで情報《じょうほう》を集《あつ》める
2. 情報《じょうほう》を整理《せいり》して，課題《かだい》を設定《せってい》する

みずきさんのクラスでは，「情報発信《じょうほうはっしん》の光《ひかり》と影《かげ》をテーマにしたレポートを書《か》こう」という学習《がくしゅう》を進《すす》めることになりました。そこで，レポートの具体的《ぐたいてき》なテーマを設定《せってい》するために，グループで分担《ぶんたん》して情報《じょうほう》を集《あつ》めることにしました。

情報《じょうほう》を集《あつ》めよう

はじめに，どのように情報《じょうほう》を集《あつ》めればよいか話《はな》し合《あ》います。

「インターネットにはどんなよいところと悪《わる》いところがあるのか，インターネットで情報《じょうほう》を集《あつ》めよう。」

「クラスでは，どのくらいの人《ひと》が，どんな内容《ないよう》でインターネットに情報発信《じょうほうはっしん》しているのか，アンケートをとってみたいな。」

「ＳＮＳ《エスエヌエス》でトラブルにあった人《ひと》にインタビューできないかな。」

インターネットを使《つか》ったアンケートの作成《さくせい》

Google《グーグル》フォームなどを使《つか》ってインターネット上《じょう》でアンケートを作成《さくせい》すれば，結果《けっか》を自動《じどう》で集計《しゅうけい》してくれます。

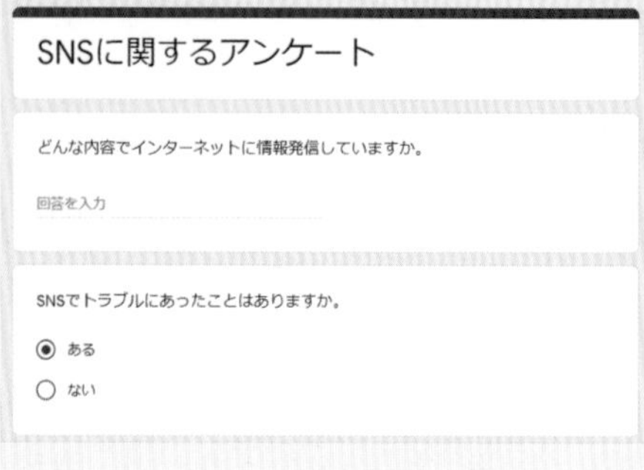
SNSに関するアンケート

どんな内容でインターネットに情報発信していますか。

回答を入力

SNSでトラブルにあったことはありますか。

◉ ある

○ ない

情報《じょうほう》を集《あつ》めるときは，まず大《おお》まかに調《しら》べて傾向《けいこう》をつかみ，次《つぎ》にくわしく調《しら》べます。

1　テーマをしぼるために，はじめにインターネットで大《おお》まかに調《しら》べましょう。

「勉強《べんきょう》していることや趣味《しゅみ》を発信《はっしん》することで，インターネット上《じょう》に仲間《なかま》ができ，さらに情報《じょうほう》を手《て》に入《い》れている人《ひと》がいたね。」

「悪《わる》ふざけした写真《しゃしん》をのせたら，反感《はんかん》を買《か》い『炎上《えんじょう》』したという記事《きじ》もいくつか見《み》つかったよ。」

「ＳＮＳ《エスエヌエス》でのトラブルからいじめにつながった例《れい》もあったね。」

2　アンケートやインタビューで情報《じょうほう》を集《あつ》めましょう。

「クラスの人《ひと》がインターネットの何《なに》が光《ひかり》で，何《なに》が影《かげ》だと考《かんが》えているのかを調《しら》べてみたいな。」

「アンケートの結果《けっか》について，インタビューをして具《ぐ》体的《たいてき》に話《はなし》を聞《き》いてみよう。」

整理《せいり》した情報《じょうほう》を使《つか》って，課題《かだい》を設定《せってい》しよう

グループで集《あつ》めた情報《じょうほう》を元《もと》に議論《ぎろん》をしてみましょう。議論《ぎろん》をする中《なか》で，自分《じぶん》がレポートに書《か》きたいことが定《さだ》まってきます。また，情報《じょうほう》を整理《せいり》するときは，次《つぎ》のステップからの構成《こうせい》メモやレポートの作成《さくせい》にも活用《かつよう》できるように，ワープロソフトなどで箇条書《かじょうか》きにして整理《せいり》しておきましょう。

ステップ3 レポートを書《か》く準備《じゅんび》をしよう

かつどう

1. レポートの構成を確認する
2. レポートの構成《こうせい》メモを作成《さくせい》する

みずきさんは，「インターネットの光《ひかり》を生《い》かして利用《りよう》するために」というレポートを書《か》くことにしました。国語《こくご》の授《じゅ》業《ぎょう》で学習《がくしゅう》したことを生《い》かして，構成《こうせい》メモを作成《さくせい》します。

レポートの構成《こうせい》を確認《かくにん》しよう

はじめ	話題《わだい》に対《たい》する自分《じぶん》の立場《たちば》や意見《いけん》，結論《けつろん》を書《か》く。
中《なか》	体験談《たいけんだん》，Web《ウェブ》ページやアンケート結果《けっか》から理由《りゆう》を書《か》く。
終《お》わり	自分《じぶん》の意見《いけん》・立場《たちば》をはっきりさせて，相手《あいて》を納得《なっとく》させるようなまとめを書《か》く。

「はじめ」では，話題《わだい》やテーマに対《たい》する自分《じぶん》の立場《たちば》や意見《いけん》を表明《ひょうめい》します。話題《わだい》について読《よ》む人《ひと》をひき付《つ》ける書《か》き出《だ》しになるように表現《ひょうげん》を工夫《くふう》しましょう。

「中《なか》」では，体験談《たいけんだん》，調査《ちょうさ》したことをふまえて，「はじめ」で主張《しゅちょう》した理由《りゆう》について，Web《ウェブ》ページやアンケートの結果《けっか》などの根拠《こんきょ》を示《しめ》して書《か》きましょう。

「終《お》わり」には，結論《けつろん》に加《くわ》え，レポートを書《か》いて考《かんが》えたこと，今後《こんご》に生《い》かしていきたいことを書《か》くようにしましょう。

➡スキル編 ⑨ いろいろな方法《ほうほう》で伝《つた》えよう

レポートの構成《こうせい》メモを作成《さくせい》しよう

段落《だんらく》	構成《こうせい》	メモ
1	はじめ	• インターネットによって社会《しゃかい》は便利《べんり》になっている。 • でも，炎上《えんじょう》なども多《おお》い。 • だから，さらによりよい社会《しゃかい》にしていくために，インターネットでの情報発信《じょうほうはっしん》についてよく理解《りかい》して使《つか》っていきたい。 【結論《けつろん》　インターネットでの情報発信《じょうほうはっしん》に賛成《さんせい》の立場《たちば》】
2	中《なか》①	• 勉強《べんきょう》で分《わ》からないことがあったら，すぐにインターネットで調《しら》べられる。 • 料理《りょうり》やなわとびはYouTube《ユーチューブ》を見《み》て練習《れんしゅう》している。 • ＳＮＳ《エスエヌエス》や掲示板《けいじばん》で分《わ》からないことを質問《しつもん》したことがある。 【自分《じぶん》の体験《たいけん》】
3	中《なか》②	「そうだったんだ！」と役立《やくだ》つ情報《じょうほう》。 「助《たす》かった！」と不安《ふあん》を解消《かいしょう》する情報《じょうほう》。 「私《わたし》もそう思《おも》う！」と共感《きょうかん》する情報《じょうほう》。 「だれのために情報《じょうほう》を発信《はっしん》するのか」を考《かんが》えて発信《はっしん》する必要《ひつよう》があると思《おも》う。 【体験《たいけん》から考《かんが》えられる情報発信《じょうほうはっしん》の光《ひかり》】
4	終《お》わり	だから，私《わたし》たちは情報発信《じょうほうはっしん》の光《ひかり》によって生活《せいかつ》が便利《べんり》になっていることを体験《たいけん》を通《とお》して学《まな》び，そのよさを生《い》かして生活《せいかつ》することを心《こころ》がけていくべきだ。

構成《こうせい》メモの作成《さくせい》には，ステップ２でワープロソフトなどに入力《にゅうりょく》しておいた箇条書《かじょうが》きをコピーして書《か》くと効率的《こうりつてき》です。

また，参考文献《さんこうぶんけん》として調《しら》べたWeb《ウェブ》ページなどもメモしておくことで，意見《いけん》に対《たい》する根拠《こんきょ》を示《しめ》すことができます。

ことば

参考文献《さんこうぶんけん》　論文《ろんぶん》やレポート，意見文《いけんぶん》などでは，その中《なか》で参考《さんこう》にした文献《ぶんけん》，引用《いんよう》した文献《ぶんけん》を示《しめ》す必要《ひつよう》があります。示《しめ》されていない場合《ばあい》は不完全《ふかんぜん》であると評価《ひょうか》されてしまいます。

ステップ４ レポートを書《か》こう

かつどう

① 構成《こうせい》メモを生《い》かして，レポートを書《か》く

② レポートにコメントし合《あ》い，修正《しゅうせい》して，発表《はっぴょう》する

文字方向《もじほうこう》などの設定《せってい》

キーボー島《とう》アドベンチャー
http://kb-kentei.net/

「インターネットの光《ひかり》を生《い》かして利用《りよう》するために」の構成《こうせい》メモから，パソコンのワープロソフトを使《つか》ってレポートを作《さく》成《せい》します。

レポートを書《か》こう

ワープロソフトの文字方向《もじほうこう》，１行《ぎょう》の文《も》字数《じすう》，１ページの行数《ぎょうすう》を変《か》えられる場合《ばあい》は，レポートを作成《さくせい》する前《まえ》に確認《かくにん》します。文字方向《もじほうこう》では縦書《たてが》きか横書《よこが》きかを設定《せってい》します。この設定《せってい》をしておくと，１ページに入力《にゅうりょく》する文字数《もじすう》や，レポートの構成《こうせい》の見通《みとお》しをもって書《か》くことができます。

後《あと》から設定《せってい》を変《か》えると，ページの分《わ》かれ目《め》が変《か》わってしまうことがあるので，注意《ちゅうい》しましょう。

また，レポートをパソコンで作成《さくせい》する際《さい》には，キーボードでの入力《にゅうりょく》を十分《じゅうぶん》に練《れん》習《しゅう》しておく必要《ひつよう》があります。キーボード入力練習《にゅうりょくれんしゅう》サイトなどを利用《りよう》して，日常的《にちじょうてき》に練習《れんしゅう》しておきましょう。

レポートにコメントし合《あ》い，修正《しゅうせい》して，発表《はっぴょう》しよう

レポートが作成《さくせい》できたら，まず音読《おんどく》をしてみましょう。

「あ，文字《もじ》をまちがえて入力《にゅうりょく》していた。」

「声《こえ》に出《だ》して読《よ》むと，まちがった文字《もじ》や，分《わ》かりにくい文章《ぶんしょう》が見《み》つけやすいね。」

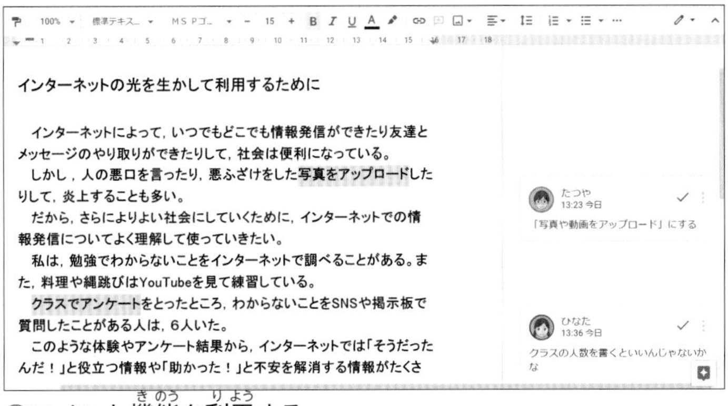

インターネットの光を生かして利用するために

インターネットによって，いつでもどこでも情報発信ができたり友達とメッセージのやり取りができたりして，社会は便利になっている。
しかし，人の悪口を言ったり，悪ふざけをした写真をアップロードしたりして，炎上することも多い。
だから，さらによりよい社会にしていくために，インターネットでの情報発信についてよく理解して使っていきたい。
私は，勉強でわからないことをインターネットで調べることがある。また，料理や縄跳びはYouTubeを見て練習している。
クラスでアンケートをとったところ，わからないことをSNSや掲示板で質問したことがある人は，6人いた。
このような体験やアンケート結果から，インターネットでは「そうだったんだ！」と役立つ情報や「助かった！」と不安を解消する情報がたくさ

たつや
13:23 今日
「写真や動画をアップロード」にする

ひなた
13:36 今日
クラスの人数を書くといいんじゃないかな

⬆コメント機能《きのう》を利用《りよう》する。

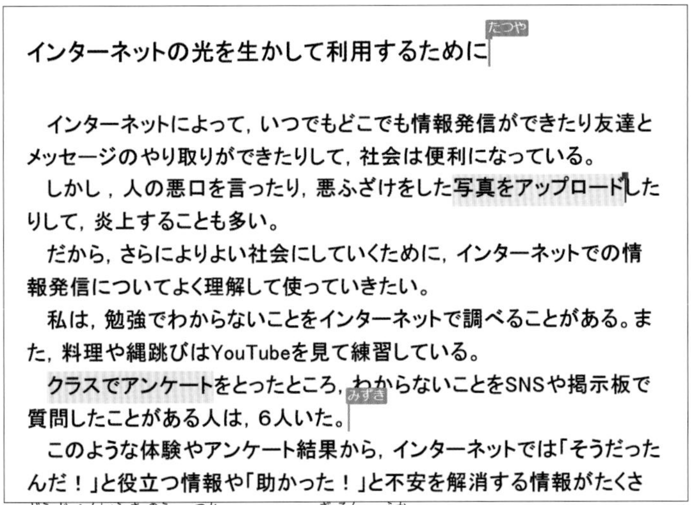

インターネットの光を生かして利用するために

インターネットによって，いつでもどこでも情報発信ができたり友達とメッセージのやり取りができたりして，社会は便利になっている。
しかし，人の悪口を言ったり，悪ふざけをした写真をアップロードしたりして，炎上することも多い。
だから，さらによりよい社会にしていくために，インターネットでの情報発信についてよく理解して使っていきたい。
私は，勉強でわからないことをインターネットで調べることがある。また，料理や縄跳びはYouTubeを見て練習している。
クラスでアンケートをとったところ，わからないことをSNSや掲示板で質問したことがある人は，6人いた。
このような体験やアンケート結果から，インターネットでは「そうだったんだ！」と役立つ情報や「助かった！」と不安を解消する情報がたくさ

⬆同時編集機能《どうじへんしゅうきのう》を使《つか》いながら議論《ぎろん》を深《ふか》める。

次《つぎ》に友達《ともだち》とレポートを読《よ》み合《あ》い，よりよい文章《ぶんしょう》に修正《しゅうせい》していきます。構成《こうせい》メモにそって書《か》けているか，誤字脱字《ごじだつじ》はないかをチェックしつつ，さらによい文章《ぶんしょう》にするためにはどうすればよいか，アドバイスし合《あ》いましょう。

また，コメント機《き》能《のう》を使《つか》うことで，効《こう》率的《りつてき》にコメントし合《あ》うことができます。友達《ともだち》と同時《どうじ》に文章《ぶんしょう》を書《か》きながら議論《ぎろん》することもできます。

レポートが完成《かんせい》したら，クラウドでファイルを共有《きょうゆう》して，コメント機能《きのう》やチャットなどで感想《かんそう》を書《か》き合《あ》ってみましょう。

➡スキル編　②キーボードで入力《にゅうりょく》しよう　③クラウドを使《つか》おう
⑨いろいろな方法《ほうほう》で伝《つた》えよう　⑩SNS《エスエヌエス》を使《つか》おう

4 プログラミングで課《か》題《だい》解《かい》決《けつ》

考《かんが》えよう

私《わたし》たちの学校《がっこう》の課題《かだい》を解決《かいけつ》するには，どのようにすればよいのだろうか

たつやさんのクラスでは，学校《がっこう》の課題《かだい》を自分《じぶん》たちで解決《かいけつ》することを通《とお》して，もっとよい学校《がっこう》にしたいと考《かんが》えています。

よりよい学校《がっこう》にするために

「ぼくたちの学校《がっこう》をもっといい学校《がっこう》にするために，何《なに》ができるかな。」

「もっと便利《べんり》になりそうな工夫《くふう》を考《かんが》えてみようよ。」

「全校児童《ぜんこうじどう》や，学校《がっこう》に来《く》るお客《きゃく》さんのためになることを考《かんが》えたいね。」

アイデアを出《だ》し合《あ》いながら，話《はな》し合《あ》いを進《すす》めました。

「1年生《ねんせい》に学校《がっこう》の遊具《ゆうぐ》のしょうかいをするシステムがあったら便利《べんり》だね。」

「耳《みみ》の不自由《ふじゆう》な人《ひと》のために，チャイムの代《か》わりに，ライトが光《ひか》る仕組《しく》みがあるといいよね。」

「廊下《ろうか》を走《はし》る人《ひと》が多《おお》いから，廊下《ろうか》では歩《ある》くことを意識《いしき》できる仕組《しく》みを作《つく》りたいな。」

アイデアをどのように実現《じつげん》するのかについて考《かんが》えました。

「考《かんが》えたアイデアをどうやって実現《じつげん》したらいいのかな。」

「私《わたし》たちにもできる方法《ほうほう》には，どんなものがあるのだろう。」

「プログラミングを使《つか》って，身近《みぢか》な問題《もんだい》を解決《かいけつ》した小《しょう》学生《がくせい》がいるって動画《どうが》で見《み》たよ。」

「プログラミングは，これまで学習《がくしゅう》したことを使《つか》えばできそうだね。」

たつやさんたちは，身《み》の回《まわ》りのどんなところでプログラミングが使《つか》われているか，クラスで話《はな》し合《あ》いました。

「プログラミングは，コンピュータに指示《しじ》をあたえたり，プログラムを作《つく》ったりすることだったよね。」

「じゃあ，コンピュータが使《つか》われているものを探《さが》せばいいのかな。」

「私《わたし》たちが持《も》っているタブレットＰＣ《ピーシー》でいろいろなことができるのは，プログラミングのおかげだね。」

「自宅《じたく》にいながら遠《とお》くの病院《びょういん》のお医者《いしゃ》さんの診察《しんさつ》が受《う》けられるようになったって，ニュースでやっていたよ。これは新《あたら》しい技術《ぎじゅつ》で，プログラミングも関係《かんけい》しているのかな。」

「身《み》の回《まわ》りには，ほかにどんなテクノロジーがあるのかな。」

ステップ1　新《あたら》しいテクノロジー

よみもの

私《わたし》たちの身《み》の回《まわ》りではどのようなテクノロジーが使《つか》われているのだろうか

私《わたし》たちの生活《せいかつ》は，多《おお》くのテクノロジーによって支《ささ》えられています。近年《きんねん》，新《あたら》しいテクノロジーが開発《かいはつ》され，私《わたし》たちの生《せい》活《かつ》はより便利《べんり》になっています。

スマートスピーカー

ＡＩ《エーアイ》を使《つか》ったシステム

たとえば，スピーカーに向《む》かって話《はな》しかけると応答《おうとう》するシステムがあります。時刻《じこく》や天気《てんき》を教《おし》えてくれたり，電化製品《でんかせいひん》を操作《そうさ》できたりします。また，遊園地《ゆうえんち》の入《い》り口《ぐち》で自分《じぶん》の顔《かお》を登録《とうろく》すると，顔認証《かおにんしょう》技術《ぎじゅつ》を使《つか》って，チケットを見《み》せることなく乗《の》り物《もの》に乗《の》れるシステムも実用化《じつようか》されています。

これらは，ＡＩ《エーアイ》（人工知《じんこうち》能《のう》）の技術《ぎじゅつ》を使《つか》っています。ＡＩ《エーアイ》はたくさんのデータを学習《がくしゅう》することで，人《ひと》が話《はな》した言葉《ことば》に反応《はんのう》したり，人《ひと》の顔《かお》を見分《みわ》けたりすることができるのです。

顔認証《かおにんしょう》システム

ロボットの活躍《かつやく》

お掃除《そうじ》ロボット

倉庫《そうこ》の商品《しょうひん》を運《はこ》ぶロボット

ロボットも私《わたし》たちの生活《せいかつ》をより便《べん》利《り》にするために，さまざまな場所《ばしょ》で活用《かつよう》されています。

お掃除《そうじ》ロボットは自動《じどう》で部屋《へや》を掃《そう》除《じ》してくれます。部屋《へや》の中《なか》の障害物《しょうがいぶつ》をよけたり，まだ掃除《そうじ》していない場《ば》所《しょ》を自動的《じどうてき》に判断《はんだん》したりしながら部《へ》屋《や》をきれいにします。また，デパートの売《う》り場《ば》を案内《あんない》するロボットやホテルの受付《うけつけ》をするロボットが登場《とうじょう》するようになりました。

物流《ぶつりゅう》の現場《げんば》では，ロボットが人《ひと》の仕事《しごと》を助《たす》けています。広《ひろ》い倉庫《そうこ》の中《なか》で，注文《ちゅうもん》された商品《しょうひん》を人《ひと》が歩《ある》いて探《さが》すのではなく，ロボットが人《ひと》のところに運《はこ》んできてくれます。

このように意図《いと》した動作《どうさ》をＡＩ《エーアイ》やロボットに行《おこな》わせるためには，プログラミングが必要《ひつよう》です。

プログラミングをすることで，ＡＩ《エーアイ》やロボットを動《うご》かし，私《わたし》たちの生活《せいかつ》をより便利《べんり》にすることができます。プログラミングは，便利《べんり》な生活《せいかつ》を支《ささ》える上《うえ》で大《おお》きな役割《やくわり》を果《は》たしているのです。

しらべよう ＡＩ《エーアイ》やロボットは，ほかにどんなところで使《つか》われているか探《さが》してみましょう。

ステップ2 情報《じょうほう》を集《あつ》めて整理《せいり》し，解決《かいけつ》する課題《かだい》を決《き》めよう

かつどう

1. インタビューやアンケートで情報《じょうほう》を集《あつ》める
2. 情報《じょうほう》を整理《せいり》して，課題《かだい》を設定《せってい》する

たつやさんのクラスでは，学校《がっこう》の課題《かだい》を見《み》つけ，プログラミングを使《つか》って自分《じぶん》たちの力《ちから》で解決《かいけつ》することにしました。

インタビューやアンケートで情報《じょうほう》を集《あつ》めよう

はじめに，学校《がっこう》の課題《かだい》についてどのように情報《じょうほう》を集《あつ》めるか話《はな》し合《あ》いました。

「情報《じょうほう》を集《あつ》めるときは，インタビューやアンケートをとるとよかったよね。」

「だれに調査《ちょうさ》するかも大事《だいじ》だから，いろいろな学年《がくねん》の人《ひと》に聞《き》いてみたいね。」

意見《いけん》の集《あつ》め方《かた》

1 何《なに》を明《あき》らかにするのか，調査《ちょうさ》の目的《もくてき》を決《き》める。
2 どうやって調《しら》べるのか，調査方法《ちょうさほうほう》（インタビューやアンケート）を決《き》める。
3 だれに調査《ちょうさ》するのか，調査対象《ちょうさたいしょう》を決《き》める。
4 何《なに》を聞《き》くのか，質問項目《しつもんこうもく》を決《き》める。

調査《ちょうさ》の目的《もくてき》に沿《そ》った情報《じょうほう》を集《あつ》めるには，事前《じぜん》にしっかりと準備《じゅんび》をしておくことが大切《たいせつ》です。また，調査《ちょうさ》に協力《きょうりょく》してもらうときには，目的《もくてき》や結果《けっか》の生《い》かし方《かた》を説明《せつめい》します。結果《けっか》がまとまったら，お礼状《れいじょう》といっしょにその結果《けっか》を伝《つた》えます。

情報《じょうほう》を整理《せいり》して，課題《かだい》を設定《せってい》しよう

インタビューで集《あつ》めた情報《じょうほう》を整理《せいり》しましょう。

「インタビューの中《なか》から大事《だいじ》なキーワードを付《ふ》せんに書《か》いていこう。」

「付《ふ》せんに書《か》いた情報《じょうほう》は，似《に》た内容《ないよう》ごとにグループにまとめて，見出《みだ》しをつけると分《わ》かりやすいね。」

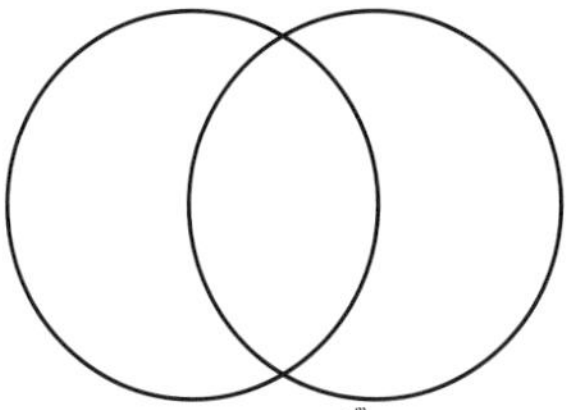

↑ベン図《ず》

「学年《がくねん》ごとの共通点《きょうつうてん》を見《み》るために，ベン図《ず》に整理《せいり》すると比《くら》べられそうだよ。」

次《つぎ》に，アンケートで集《あつ》めた情報《じょうほう》を整理《せいり》しましょう。

「アンケートの結果《けっか》は，表《ひょう》やグラフに整理《せいり》すると分《わ》かりやすいね。」

「整理《せいり》したい内容《ないよう》によって，棒《ぼう》グラフや円《えん》グラフを選《えら》ぶんだったね。」

「アンケートに書《か》いてもらった自由記述《じゆうきじゅつ》の内容《ないよう》は，インタビューで集《あつ》めた情報《じょうほう》と同《おな》じように整理《せいり》すればいいね。」

整理《せいり》した情報《じょうほう》を使《つか》って，グループで解決《かいけつ》する課題《かだい》を決《き》めましょう。グループで議論《ぎろん》をすることで，さまざまな見方《みかた》や考《かんが》え方《かた》が出《で》てきます。司会《しかい》や話《はな》し合《あ》いの進《すす》め方《かた》を決《き》めておくと，スムーズに議論《ぎろん》が進《すす》みます。

➡スキル編　④ 情報《じょうほう》を集《あつ》めよう　⑥ 情報《じょうほう》を整理《せいり》しよう　⑦ 表《ひょう》やグラフで表《あらわ》そう

ステップ3 課題《かだい》を解決《かいけつ》するための方法《ほうほう》を考《かんが》えよう

かつどう

1 自分《じぶん》たちで設定《せってい》した課題《かだい》を解決《かいけつ》する方《ほう》法《ほう》を考《かんが》える

たつやさんのグループでは，「自分《じぶん》たちの学校《がっこう》に来《き》たお客《きゃく》さんに，学校《がっこう》のしょうかいをするシステム」があれば，もっと魅力的《みりょくてき》な学校《がっこう》になると考《かんが》えました。

「ボタンをおすと，学校《がっこう》をしょうかいする音声《おんせい》が再生《さいせい》されるといいね。」

「アナウンスの内容《ないよう》を自分《じぶん》たちで考《かんが》えて，録音《ろくおん》したいな。」

「お客《きゃく》さんが玄関《げんかん》に来《き》たら音楽《おんがく》が流《なが》れる仕組《しく》みを入《い》れると，楽《たの》しいんじゃないかな。」

グループ対話《たいわ》のポイント

- 話《はな》し手《て》は分《わ》かりやすくアイデアを伝《つた》える。
- 話《はな》し手《て》の意見《いけん》を最後《さいご》まで聞《き》く。
- アイデアをすぐに否定《ひてい》するのではなく，よさに目《め》を向《む》ける。
- 話《はな》し手《て》のアイデアに聞《き》き手《て》が質問《しつもん》をすることで，アイデアを広《ひろ》げたり，深《ふか》めたりする。

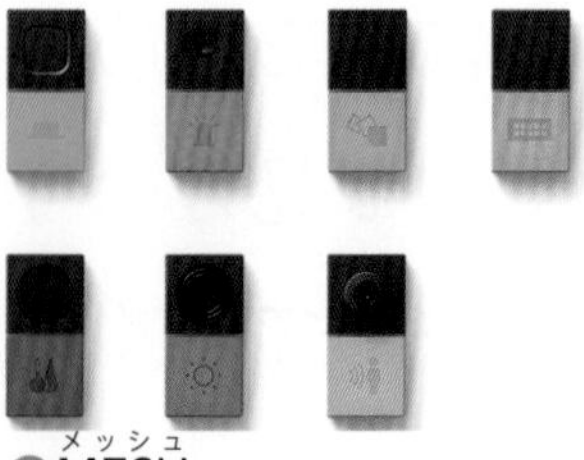

↑MESH《メッシュ》

たつやさんのグループでは，アイデアを実現《じつげん》するために，「MESH《メッシュ》」を使《つか》うことにしました。MESH《メッシュ》を使《つか》ってプログラミングをすることで，自分《じぶん》たちの学校《がっこう》をもっと便《べん》利《り》にできそうです。

ことば **MESH《メッシュ》**　ブロックをつないだり，設定《せってい》を変《か》えたりすることでプログラミングができるツール。各《かく》ブロックがアプリと無線《むせん》でつながっています。

　ひなたさんのグループでは，「校庭《こうてい》に気温《きおん》を表示《ひょうじ》させる電《でん》光掲示板《こうけいじばん》」があれば，全校児童《ぜんこうじどう》にとって便利《べんり》になると考《かんが》えました。

「時刻《じこく》は時計《とけい》を見《み》れば分《わ》かるけれど，気温《きおん》までは分《わ》からないよね。」

「夏《なつ》は熱中症《ねっちゅうしょう》の心配《しんぱい》もあるから，一定気温以上《いっていきおんいじょう》になったらブザーが鳴《な》る仕組《しく》みはどうかな。」

「夜《よる》は校庭《こうてい》で遊《あそ》ぶ人《ひと》がいないから，暗《くら》くなったら気温《きおん》を表示《ひょうじ》しないようにすれば，節電《せつでん》になると思《おも》うよ。」

グループ内《ない》での合意形成《ごういけいせい》のポイント

- すぐに多数決《たすうけつ》をするのではなく，一《ひと》つ一《ひと》つのアイデアについてじっくり議論《ぎろん》する。
- 何《なん》のため，だれのため，という目的《もくてき》に沿《そ》ってアイデアをしぼっていく。
- アイデアとアイデアを組《く》み合《あ》わせて，新《あら》たなアイデアができないかを考《かんが》える。
- おたがいを思《おも》いやりながら話《はな》し合《あ》いを進《すす》める。

　ひなたさんのグループでは，アイデアを実現《じつげん》するために，「micro:bit《マイクロビット》」を使《つか》うことにしました。機器《きき》を使《つか》ってプログラミングをすることで，アイデアを考《かんが》えただけで終《お》わらずに，実際《じっさい》に仕組《しく》みを作《つく》り，自分《じぶん》たちの学校《がっこう》の課題《かだい》を解決《かいけつ》することができそうです。

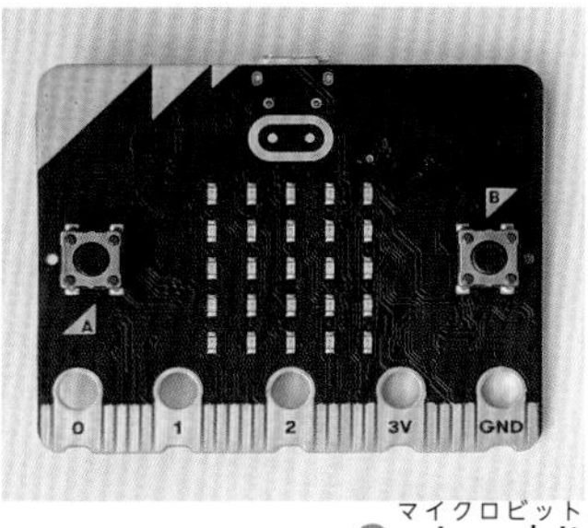

↑micro:bit《マイクロビット》

ことば　**micro:bit《マイクロビット》**　25個《こ》のLED《エルイーディー》と二《ふた》つのボタンスイッチを持《も》つマイコンボード。また，温《おん》度《ど》センサーや加速度《かそくど》センサーなどがついています。

ステップ4 プログラミングで課題《かだい》を解決《かいけつ》しよう

かつどう

1 プログラミングをしてアイデアを実現《じつげん》する

たつやさんのグループでは，MESH《メッシュ》を使《つか》って，「自分《じぶん》たちの学校《がっこう》に来《き》たお客《きゃく》さんに，学校《がっこう》のしょうかいをするシステム」を作《つく》ることにしました。

①グループでプログラミングの方針《ほうしん》を立《た》てる

MESH《メッシュ》ブロックは，「ボタン」や「LED《エルイーディー》」など，それぞれ働《はたら》きが異《こと》なります。ブロックをどのように組《く》み合《あ》わせるのか，グループで方針《ほうしん》を立《た》てます。自分《じぶん》たちのアイデアを実現《じつげん》できるブロックを選《えら》びましょう。

②プログラミングを行《おこな》う

①で立《た》てた方針《ほうしん》をもとに，グループで協力《きょうりょく》してプログラミングを行《おこな》います。方針《ほうしん》どおりにいかないときは，そのたび，見直《みなお》しをします。プログラミングは，成功《せいこう》するまで条件《じょうけん》を変《か》えながら何度《なんど》もくり返《かえ》すことが大切《たいせつ》です。なぜ，うまくいかなかったのかを考《かんが》えながら工夫《くふう》してみましょう。

プログラムの例《れい》

人《ひと》が通《とお》ったら音楽《おんがく》が流《なが》れる。また，ボタンをおすと自分《じぶん》たちが録音《ろくおん》した学校《がっこう》についての情報《じょうほう》が再生《さいせい》されるプログラム。

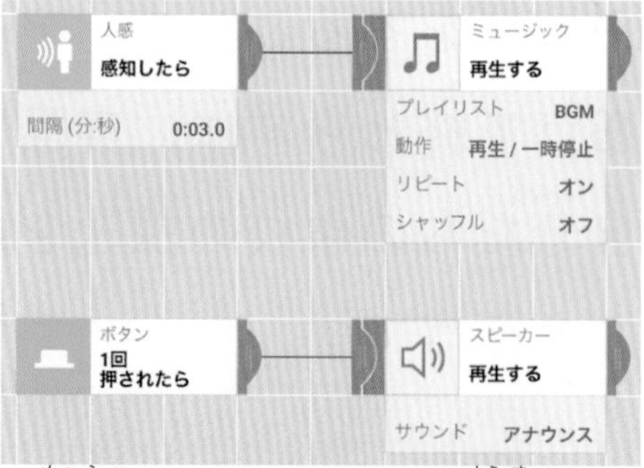

↑MESH《メッシュ》でのプログラミングの様子《ようす》

ひなたさんのグループでは，micro:bit《マイクロビット》を使《つか》って，「校庭《こうてい》に気温《きおん》を表示《ひょうじ》させる電光掲示板《でんこうけいじばん》」を作《つく》ることにしました。

①シミュレーションをする

micro:bit《マイクロビット》は，機器《きき》を接《せつ》続《ぞく》しなくても，パソコン画面上《がめんじょう》だけでシミュレーションを行《おこな》うことができます。この画面《がめん》を使《つか》うことで，意図《いと》した動《うご》きとなるまで，何度《なんど》も調整《ちょうせい》をくり返《かえ》すことができます。一人一人《ひとりひとり》がシミュレーションを行《おこな》い，その結果《けっか》を持《も》ち寄《よ》ってプログラミングの内容《ないよう》について検討《けんとう》をすることができます。

↑micro:bit《マイクロビット》でのプログラミングの様子《ようす》

②プログラミングを行《おこな》う

①で行《おこな》ったシミュレーションをもとに，機器《きき》をパソコンに接続《せつぞく》して，プログラムを転送《てんそう》します。そして，機器《きき》が意図《いと》したとおりに動《うご》くかを確認《かくにん》します。修正《しゅうせい》が必要《ひつよう》な場合《ばあい》は，プログラムの修正《しゅうせい》を行《おこな》い，機器《きき》に転送《てんそう》することをくり返《かえ》します。

プログラムの例《れい》

現在《げんざい》の気温《きおん》を表示《ひょうじ》させ，30度《ど》以上《いじょう》になったら，熱中《ねっちゅう》症予防《しょうよぼう》のためのアラームを鳴《な》らす。30度《ど》を下回《したまわ》ったらアラームを止《と》めるプログラム。

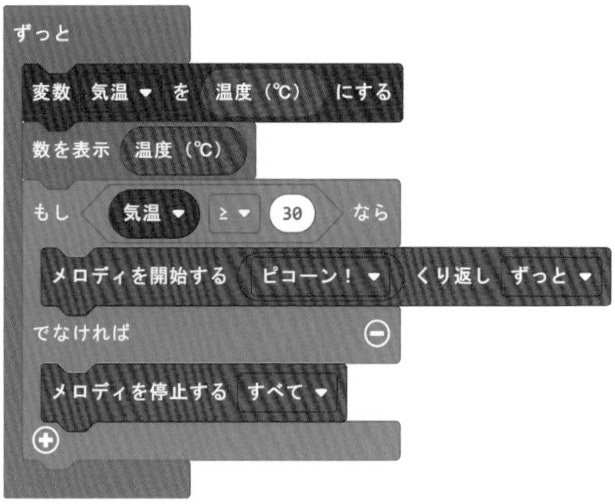

➡スキル編 ⑪ プログラミングをしよう

ステップ5 解決方法《かいけつほうほう》を発表《はっぴょう》しよう

かつどう

① グループで取《と》り組《く》んできたことを発表《はっぴょう》する

② 友達《ともだち》の発表《はっぴょう》を聞《き》いてコメントをする

たつやさんのクラスでは，「学校《がっこう》の課《か》題《だい》を見《み》つけ，プログラミングを使《つか》って自《じ》分《ぶん》たちの力《ちから》で解決《かいけつ》しよう」というテーマで取《と》り組《く》んできたことを，グループごとに発表《はっぴょう》することにしました。

「分《わ》かりやすく発表《はっぴょう》するためには，何《なに》を，どのような順序《じゅんじょ》で伝《つた》えるかが大切《たいせつ》だったね。」

「グループの中《なか》で役割《やくわり》を分担《ぶんたん》しておくと，発表《はっぴょう》しやすいね。」

「プログラミングをしたものを実際《じっさい》に動《うご》かしながら発《はっ》表《ぴょう》しようよ。」

発表《はっぴょう》の準備《じゅんび》

①プレゼンテーションソフトを使《つか》って，スライドを作《つく》る。

- 自分《じぶん》たちが解決《かいけつ》したい課題《かだい》やその理由《りゆう》などが聞《き》き手《て》に伝《つた》わるように工夫《くふう》する。見《み》やすいスライドとなるように，写真《しゃしん》や文字《もじ》をつめこみすぎない。

②発表練習《はっぴょうれんしゅう》をする。

- 声《こえ》の大《おお》きさ，話《はな》す速《はや》さ，目線《めせん》，ジェスチャー，スライドの見《み》やすさなどの項目《こうもく》を作《つく》り，おたがいにチェックしながら練習《れんしゅう》をする。また，決《き》められた発表時間内《はっぴょうじかんない》におさまるように，調整《ちょうせい》する。

発表《はっぴょう》の様子《ようす》を動画《どうが》にとり，見直《みなお》してみましょう。

グループで取《と》り組《く》んできたことを発表《はっぴょう》して，コメントをしよう

準備《じゅんび》してきたことを使《つか》って，発表会《はっぴょうかい》を開《ひら》きます。

「私《わたし》たちのグループは，学校《がっこう》に来《き》たお客《きゃく》さんに，学校《がっこう》のしょうかいをするシステムを作《つく》りました。」

「このボタンをおすと，学校《がっこう》の伝統行事《でんとうぎょうじ》についての情《じょう》報《ほう》が再生《さいせい》されます。楽《たの》しさを出《だ》すために，機器《きき》の前《まえ》を人《ひと》が通《とお》ると，音楽《おんがく》が流《なが》れるようにしました。」

発表会《はっぴょうかい》の実施《じっし》

①発表会《はっぴょうかい》を実施《じっし》する

- 学校《がっこう》の課題《かだい》と自分《じぶん》たちが考《かんが》えた解決策《かいけつさく》を発表《はっぴょう》する。

②聞《き》き手《て》は発表《はっぴょう》に対《たい》してコメントをする

- 設定《せってい》した課題《かだい》，アイデアの工夫《くふう》，発表《はっぴょう》の仕方《しかた》などについて，聞《き》き手《て》がコメントをする。よかった点《てん》，改善点《かいぜんてん》などについてコメントをすることで，今後《こんご》の学習《がくしゅう》に生《い》かす。

③学習《がくしゅう》のふり返《かえ》りをする

- 自分《じぶん》のグループの発表《はっぴょう》がどうだったか，ほかのグループの発表《はっぴょう》で参考《さんこう》にする点《てん》はどこか，プログラミングしたアイデアはどうだったかなど，視点《してん》を決《き》めてふり返《かえ》りを行《おこな》う。

プログラミングについて，到達段《とうたつだん》階《かい》を決《き》めた表《ひょう》でふり返《かえ》りを行《おこな》うこともできます。

到達段階《とうたつだんかい》を決《き》めた表《ひょう》の例《れい》→

段階《だんかい》	内容《ないよう》
A《エー》	目的《もくてき》の実現《じつげん》のために，ブロックの組《く》み合《あ》わせや設定《せってい》を，他者《たしゃ》の評価《ひょうか》を取《と》り入《い》れながらよりよく改善《かいぜん》できる。（B《ビー》はできている）
B《ビー》	目的《もくてき》の実現《じつげん》のために，ブロックの組《く》み合《あ》わせや設定《せってい》を，順序立《じゅんじょだ》てて考《かんが》えることができる。（C《シー》はできている）
C《シー》	目的《もくてき》の実現《じつげん》のために，必要《ひつよう》なブロックを選択《せんたく》できる。
D《ディー》	目的《もくてき》の実現《じつげん》のために，必要《ひつよう》なブロックを選択《せんたく》できない。

→スキル編　①写真《しゃしん》や動画《どうが》をさつえいしよう　⑧プレゼンをしよう

5 情報《じょうほう》社会《しゃかい》と権利《けんり》

考《かんが》えよう

情報社会《じょうほうしゃかい》の権利《けんり》にはどのようなものがあるのだろうか

図工《ずこう》の時間《じかん》，コンクールに出《だ》す読書感《どくしょかん》想画《そうが》をかいています。全員《ぜんいん》が同《おな》じ本《ほん》を読《よ》み，心《こころ》に残《のこ》った場面《ばめん》を絵《え》にするのです。

「本《ほん》の挿絵《さしえ》と同《おな》じものをかいてはだめなんだね。マンガやアニメの絵《え》を写《うつ》すのは得意《とくい》だけど，想像《そうぞう》してかくのは苦手《にがて》だな。」

「みずきさん，下《した》がきできた？わたし，こんな感《かん》じでかこうと思《おも》っているんだけど。」

「ひなたさん，いい感《かん》じだね。」

（私《わたし》と同《おな》じ場面《ばめん》だから，参考《さんこう》にしよう。似《に》たような絵《え》になってもいいよね。）

コンクールに出《だ》す作品《さくひん》は，クラスのみんなの投票《とうひょう》で決《き》まります。

「みずきさんとひなたさんの絵《え》が似《に》てるような気《き》がするけれど，みずきさんの方《ほう》が上手《じょうず》だな。」

投票《とうひょう》で選《えら》ばれたのはみずきさんの作品《さくひん》でした。

りょうさんとたつやさんが通《かよ》うテニススクールに，世界《せかい》で活躍《かつやく》する○○選手《せんしゅ》が，ボランティアでコーチをするためにやってきました。

「○○選手《せんしゅ》，さすがに上手《じょうず》だし，かっこいいなあ。スマホで写真《しゃしん》をとっておこう。」

「勝手《かって》に写真《しゃしん》をとっていいの。」

「テレビとか新聞《しんぶん》とか雑誌《ざっし》にもいっぱい写真《しゃしん》がのっているよ。１枚《まい》ぐらいとってもいいんじゃないの。そうだ，ＳＮＳ《エスエヌエス》にアップしてみんなにも見《み》せよう。」

「勝手《かって》にアップしたらだめだよ。」

「ぼくがとった写真《しゃしん》の著作権《ちょさくけん》はぼくのものだよ。ボランティア活動《かつどう》をしょうかいするのだから○○選手《せんしゅ》のためにもなるし。」

みずきさんは著作権《ちょさくけん》を，りょうさんは肖像権《しょうぞうけん》を侵害《しんがい》していることになります。著作権《ちょさくけん》や肖像権《しょうぞうけん》，知的財産権《ちてきざいさんけん》などの情報《じょうほう》社会《しゃかい》の権利《けんり》について，どんなことに気《き》を付《つ》けないといけないかを調《しら》べ，しょうかいし合《あ》いましょう。

ステップ1　情報社会《じょうほうしゃかい》をよりよくするためのさまざまな権利《けんり》

よみもの

よりよい情報社会《じょうほうしゃかい》を目指《めざ》して，どのような権利《けんり》を大切《たいせつ》にしていけばよいのだろうか

著作権

本《ほん》やマンガ，映像作品《えいぞうさくひん》，音楽《おんがく》，絵画《かいが》やイラストなど，これらの作品《さくひん》はいずれも作者《さくしゃ》の財産《ざいさん》として，著作権《ちょさくけん》によって保護《ほご》されています。

社会《しゃかい》の情報化《じょうほうか》が進《すす》み，だれもが簡単《かんたん》に情報《じょうほう》を入手《にゅうしゅ》できるようになりました。その結果《けっか》，インターネットを通《つう》じて作品《さくひん》を不正《ふせい》に入手《にゅうしゅ》したり，簡単《かんたん》にコピーしたりすることが可能《かのう》となり大《おお》きな問題《もんだい》となっています。作者《さくしゃ》が，安心《あんしん》して作品《さくひん》づくりに取《と》り組《く》めるように，私《わたし》たちは著作権《ちょさくけん》のルールを守《まも》らなければなりません。

スマートフォンなどが広《ひろ》く使《つか》われるようになり，著作権《ちょさくけん》はプロの作家《さっか》だけでなく，私《わたし》たちにも身近《みぢか》な権利《けんり》となりました。例《たと》えば，スマートフォンでさつえいしＳ《エス》ＮＳ《エヌエス》に投稿《とうこう》した写真《しゃしん》は，さつえいした本人《ほんにん》に著作権《ちょさくけん》があります。

一方《いっぽう》で，さつえいされた人物《じんぶつ》の肖像権《しょうぞうけん》やプライバシー権《けん》にも配慮《はいりょ》が必要《ひつよう》です。相手《あいて》の了解《りょうかい》なく写真《しゃしん》を投稿《とうこう》することは，

意図《いと》せず相手《あいて》を傷《きず》つけてしまう可能性《かのうせい》もあります。友達同士《ともだちどうし》であっても，おたがいに確認《かくにん》し合《あ》うことが大切《たいせつ》です。

ほかにも，特許権《とっきょけん》や商標権《しょうひょうけん》など自分《じぶん》たちが考《かんが》えた技術《ぎじゅつ》やアイデア，自分《じぶん》たちを象徴《しょうちょう》するロゴのデザインなど，他《た》人《にん》に勝手《かって》に使《つか》われることがないように守《まも》る仕組《しく》みがあります。これらをまとめて知的財産権《ちてきざいさんけん》と言《い》います。

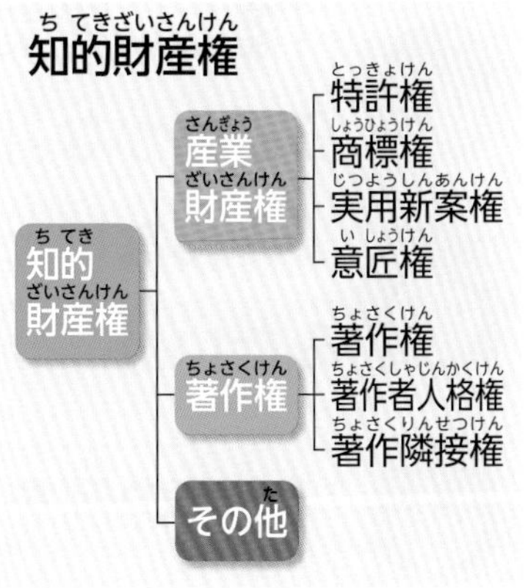

インターネットで情報《じょうほう》を集《あつ》めたり，手続《てつづ》きをしたりすることが一般的《いっぱんてき》になり，だれもが同《おな》じようにインターネットを利《り》用《よう》できる仕組《しく》みも必要《ひつよう》です。例《たと》えば目《め》の不自由《ふじゆう》な人《ひと》や，指《ゆび》で細《こま》かな作業《さぎょう》ができない人《ひと》でも，必要《ひつよう》な情報《じょうほう》を見《み》つけやすいように工夫《くふう》したＷｅｂ《ウェブ》ページやサービスが増《ふ》えています。スマートフォンやパソコンにも，操作《そうさ》をサポートしてくれる機《き》能《のう》が備《そな》わっています。

このように，よりよい情報社会《じょうほうしゃかい》に向《む》けて，おたがいの権利《けんり》を守《まも》るための仕組《しく》みがたくさんあります。

ステップ2 情報社会《じょうほうしゃかい》における権利《けんり》について調《しら》べよう

かつどう

1. 見通《みとお》しをもつ
2. 情報《じょうほう》を集《あつ》める
3. 情報《じょうほう》を整理《せいり》する

学習《がくしゅう》の見通《みとお》しをもとう

ひなたさんのクラスでは，「情報社会《じょうほうしゃかい》における権利《けんり》」について班《はん》で調《しら》べ，プレゼンすることにしました。

はじめに，学習《がくしゅう》でどのようなことに気《き》を付《つ》けたらよいか話《はな》し合《あ》いました。

「難《むずか》しい言葉《ことば》が多《おお》かったから，キーワードを整理《せいり》したらどうかな。」

「みんなはどう考《かんが》えているのか，アンケートを取《と》ってみたい。」

「実際《じっさい》の例《れい》を出《だ》して説明《せつめい》すると分《わ》かりやすいと思《おも》う。」

プレゼンとは

自分《じぶん》たちの考《かんが》えが伝《つた》わるよう，写真《しゃしん》や図表《ずひょう》などを示《しめ》しながら，相手《あいて》に納得《なっとく》してもらえるように発表《はっぴょう》します。資料《しりょう》を効果的《こうかてき》に提示《ていじ》することで，より分《わ》かりやすくなります。

ひなたさんのクラスでは，班《はん》ごとに，著作権《ちょさくけん》や肖像権《しょうぞうけん》など発表《はっぴょう》するテーマを決めました。集《あつ》めた情報《じょうほう》を整理《せいり》し，いちばん伝《つた》えたいことは何《なに》か考《かんが》えることにしました。

情報《じょうほう》を集《あつ》めよう

みずきさんの班《はん》は，「著作権《ちょさくけん》」について調《しら》べることにしました。同《おな》じ班《はん》の友達《ともだち》と情報《じょうほう》の集《あつ》め方《かた》について話《はな》し合《あ》いました。

「インターネットに子供《こども》向《む》けのWeb《ウェブ》ページがあったよ。」

「図書館《としょかん》に，参考《さんこう》になる本《ほん》があると思《おも》う。」

「みんなは著作権《ちょさくけん》をどれくらい知《し》っているのかな。アンケートをとってみよう。」

「まず著作権《ちょさくけん》という用語《ようご》についてみんなで確認《かくにん》しよう。」

はじめて知《し》る用語《ようご》などは班《はん》のメンバー全員《ぜんいん》で確認《かくにん》し，意味《いみ》を理解《りかい》しておきます。各自《かくじ》で情報《じょうほう》を調《しら》べるときに役立《やくだ》ちます。

情報《じょうほう》を整理《せいり》して，伝《つた》えたいことを選《えら》ぼう

集《あつ》めた情報《じょうほう》は，表《ひょう》や思考《しこう》ツールなどを使《つか》って整理《せいり》します。ひなたさんの班《はん》は，「著作権《ちょさくけん》はなぜ必要《ひつよう》なのか」というテーマで，著作権《ちょさくけん》について伝《つた》えたいと考《かんが》え，次《つぎ》のような内容《ないよう》で発表《はっぴょう》することにしました。

- 「著作権《ちょさくけん》」について知《し》らない人《ひと》が多《おお》いので，どのような権利《けんり》か説明《せつめい》する。
- なぜ著作権《ちょさくけん》のルールを守《まも》る必要《ひつよう》があるのか，具体例《ぐたいれい》を使《つか》って分《わ》かりやすく伝《つた》える。
- どうしたら著作権《ちょさくけん》のルールを守《まも》ることができるか，クイズでしょうかいする。

→スキル編　④ 情報《じょうほう》を集《あつ》めよう　⑤ 情報《じょうほう》を読《よ》み取《と》ろう　⑥ 情報《じょうほう》を整理《せいり》しよう

ステップ3 分《わ》かりやすいプレゼンのために改善《かいぜん》しよう

かつどう
① スライドを作《つく》る
② 発表《はっぴょう》の練習《れんしゅう》をし，改善《かいぜん》する

構成《こうせい》を考《かんが》え，スライドを作《つく》ろう

どのような順番《じゅんばん》や分量《ぶんりょう》で発表《はっぴょう》するか構《こう》成《せい》を考《かんが》え，文字《もじ》や写真《しゃしん》，図表《ずひょう》などを入《い》れたプレゼンのスライドを作《つく》ります。

分《わ》かりやすいスライドにするために，次《つぎ》のようなことに気《き》を付《つ》けましょう。

分《わ》かりやすいスライドの構成《こうせい》とポイント

1 表紙《ひょうし》
- 文字《もじ》は大《おお》きく，太《ふと》くして強調《きょうちょう》する。

2 もくじ
- 流《なが》れを伝《つた》えると，聞《き》きやすくなる。

3 調《しら》べた内容《ないよう》やそこから考《かんが》えたこと
- 写真《しゃしん》や図《ず》，グラフを使《つか》うと，聞《き》いている人《ひと》が内容《ないよう》をイメージしやすい。
- スライド中《ちゅう》の文章《ぶんしょう》は短《みじか》く，キーワードで表《あらわ》すと分《わ》かりやすくなる。
- 問《と》いかけたり，クイズ形式《けいしき》にしたりすると，聞《き》き手《て》を引《ひ》きつけられる。
- 調《しら》べた事実《じじつ》と，自分《じぶん》たちの考《かんが》え，意見《いけん》とを分《わ》けて説明《せつめい》できるようにする。

4 まとめ
- ３の内容《ないよう》に基《もと》づいて，いちばん伝《つた》えたいことを一言《ひとこと》でまとめるようにする。

→スキル編 ① 写真《しゃしん》や動画《どうが》をさつえいしよう ② キーボードで入力《にゅうりょく》しよう

発表《はっぴょう》の練習《れんしゅう》をし，改善《かいぜん》しよう

　話《はな》す内容《ないよう》を発表《はっぴょう》メモにまとめます。スライドを指《さ》し示《しめ》しながら話《はな》す部分《ぶぶん》や，スライドを切《き》りかえるタイミングなども，実際《じっさい》に試《ため》しながら練習《れんしゅう》します。練習《れんしゅう》するときには，下《した》のようなチェックリストがあると便利《べんり》です。

【話《はな》し方《かた》チェックリスト】

- ☐ 声《こえ》の大《おお》きさは適切《てきせつ》か。
- ☐ 話《はな》す速《はや》さは適切《てきせつ》か。
- ☐ 聞《き》き手《て》の方《ほう》を見《み》ていたか。
- ☐ 時間内《じかんない》に発表《はっぴょう》できたか。
- ☐ 内容《ないよう》に合《あ》わせてよくようをつけて話《はな》していたか。
- ☐ 指示棒《しじぼう》などで資料《しりょう》を指《さ》し示《しめ》しながら説明《せつめい》したか。

【スライドチェックリスト】

- ☐ 説明《せつめい》の順番《じゅんばん》は，相手《あいて》に分《わ》かりやすいか。
- ☐ 説明《せつめい》の文章《ぶんしょう》は，相手《あいて》に分《わ》かりやすいか。
- ☐ 文字《もじ》や図《ず》の大《おお》きさや色《いろ》づかいは見《み》やすいか。
- ☐ 注目《ちゅうもく》してほしいポイントが目立《めだ》っているか。
- ☐ 文字《もじ》のまちがいはないか。

　発表《はっぴょう》を動画《どうが》にとって確認《かくにん》したり，ほかの班《はん》に聞《き》いてもらい意見《いけん》をもらったりして，より分《わ》かりやすい発表《はっぴょう》になるように改善《かいぜん》しましょう。

「スライドで目立《めだ》たせたいところは，文字《もじ》を大《おお》きくしたら見《み》やすいよ。」

「どんな質問《しつもん》が出《で》るかも予想《よそう》して，答《こた》えを準備《じゅんび》しておこう。」

→スキル編　③クラウドを使《つか》おう　⑦表《ひょう》やグラフで表《あらわ》そう　⑧プレゼンをしよう

ステップ4 プレゼンをしよう

かつどう

1. プレゼンテーションをする
2. 感想《かんそう》シートをもとに自分《じぶん》たちの発表《はっぴょう》をふり返《かえ》る

発表《はっぴょう》の流《なが》れ

みずきさんのクラスでは，さまざまな「情報社会《じょうほうしゃかい》における権利《けんり》」について，プレゼンをしました。

プレゼンの流《なが》れ

1. 発表《はっぴょう》7分間《ふんかん》＋感想交流《かんそうこうりゅう》3分間《ぶんかん》。
2. 感想交流《かんそうこうりゅう》の中《なか》で疑問《ぎもん》などがあれば発《はっ》表者《ぴょうしゃ》に質問《しつもん》する。
3. 即答《そくとう》できない質問《しつもん》の場合《ばあい》，後日回答《ごじつかいとう》や資料《しりょう》のしょうかいでもよい。

聞《き》き手《て》は，発表者《はっぴょうしゃ》がいちばん伝《つた》えたいことや，なぜそれを伝《つた》えようとしているのかを考《かんが》えながら発表《はっぴょう》を聞《き》きます。

発表後《はっぴょうご》に感想《かんそう》や質問《しつもん》を受《う》け付《つ》けました。

「アニメのキャラクターをかくのは著作権違反《ちょさくけんいはん》ですか。」

「学校《がっこう》の授業《じゅぎょう》の中《なか》で使《つか》う場合《ばあい》には問題《もんだい》ないそうです。」

また，著作権《ちょさくけん》のルールをどう守《まも》っていけばよいかもっと知《し》りたいという質問《しつもん》には，自分《じぶん》たちが調《しら》べる際《さい》に使《つか》った本《ほん》や，Web《ウェブ》ページをしょうかいしました。

発表《はっぴょう》をふり返《かえ》ろう

各班《かくはん》の発表《はっぴょう》に対《たい》して，考えたことや感想《かんそう》を記録《きろく》し，発表者《はっぴょうしゃ》に伝《つた》えましょう。プレゼンの方法《ほうほう》についても，よかった点《てん》や改善点《かいぜんてん》をクラスで共有《きょうゆう》すると，次《つぎ》の発表《はっぴょう》に生《い》かすことができます。

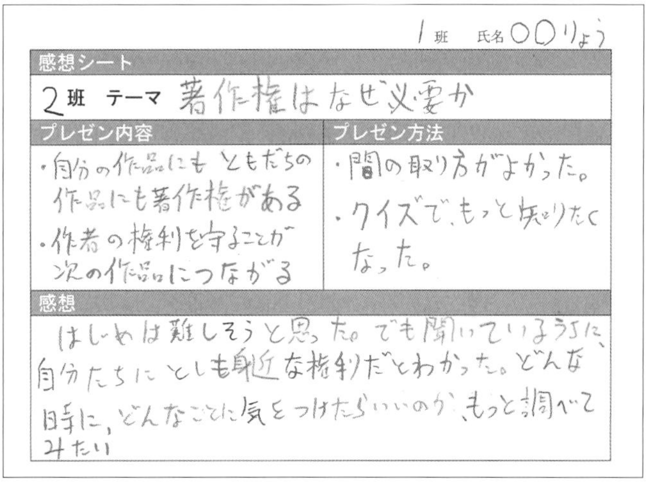

1班　氏名 ○○りょう

感想シート	
2班　テーマ　著作権はなぜ必要か	
プレゼン内容	プレゼン方法
・自分の作品にも ともだちの作品にも著作権がある ・作者の権利を守ることが次の作品につながる	・間の取り方がよかった。 ・クイズで、もっと知りたくなった。
感想	
はじめは難しそうと思った。でも聞いているうちに、自分たちにとっても身近な権利だとわかった。どんな時に、どんなことに気をつけたらいいのか、もっと調べてみたい	

みんなからもらった感想《かんそう》シートを見《み》ながら，自分《じぶん》たちの発表《はっぴょう》についてふり返《かえ》ります。

また，自分《じぶん》たちの調《しら》べたことだけでは答《こた》えられなかった質問《しつもん》があったら，疑問点《ぎもんてん》として記録《きろく》しておき，後《あと》で調《しら》べるようにしましょう。

「身《み》の回《まわ》りの著作権《ちょさくけん》について，興味《きょうみ》をもってくれたね。」

「話《はな》し方《かた》や間《ま》の取《と》り方《かた》を工夫《くふう》したら，みんな注目《ちゅうもく》してくれたよ。」

「今度《こんど》はぼくも，同《おな》じように工夫《くふう》してみよう。」

「○○さんの質問《しつもん》には，答《こた》えられなかったから，もう少《すこ》しくわしく調《しら》べてみたいな。」

➡スキル編　⑧ プレゼンをしよう

1 写真《しゃしん》や動画《どうが》をさつえいするスキル

写真《しゃしん》をさつえいするときの注意《ちゅうい》

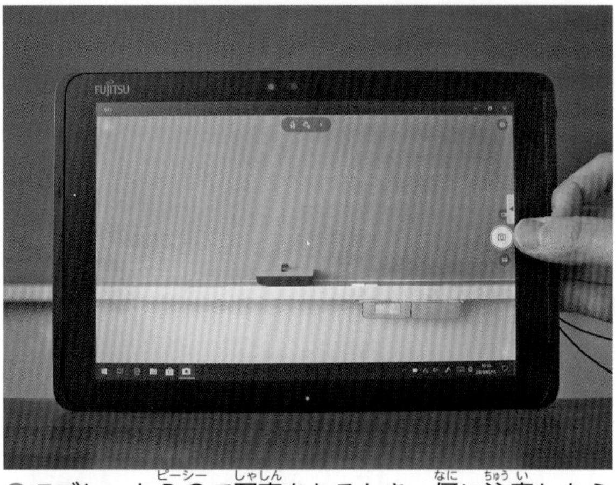

タブレットＰＣ《ピーシー》で写真《しゃしん》をとるとき，何《なに》に注意《ちゅうい》したらいいのかな

太陽《たいよう》の光《ひかり》で逆光《ぎゃっこう》になっている。逆光写真《ぎゃっこうしゃしん》にしないためにはどうしたらいいのかな

さつえいするものをはっきり決《き》める

何《なに》をとった写真《しゃしん》なのか分《わ》からないね。どうしたらいいのかな

ズーム機能《きのう》を使《つか》う

トリミング機能《きのう》を使《つか》う

「写真《しゃしん》をとるときに，気《き》を付《つ》けることが分《わ》かったよ。」

見《み》え方《かた》を考《かんが》えてさつえいする

↑同《おな》じピアノをさつえいしたはずなのに，とり方《かた》で印象《いんしょう》が大《おお》きく変《か》わる

「とり方《かた》によって見《み》え方《かた》がちがっていて，びっくりしたね。」

動画《どうが》をさつえいする

「動画《どうが》のさつえいもしたね。写真《しゃしん》をとるときとはちがう注意点《ちゅういてん》もあったよ。」

「工夫《くふう》してとった動画《どうが》や写真《しゃしん》を，いろいろなことに使《つか》ってみたいな。」

2 キーボードで入力《にゅうりょく》するスキル

コンピュータについて調《しら》べる

電子黒板《でんしこくばん》

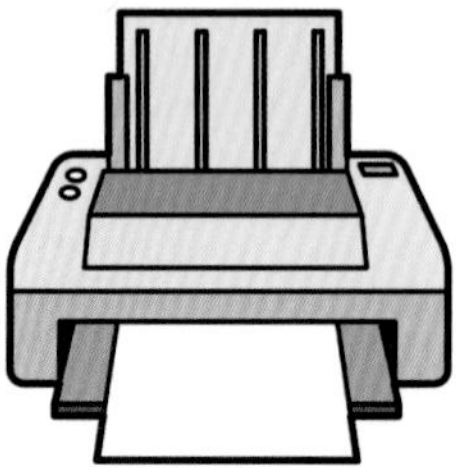
プリンタ（印刷機《いんさつき》）

「コンピュータについて調《しら》べたら，いろいろなことに使《つか》えることが分《わ》かったよ。」

キーボードで入力《にゅうりょく》する

行	段	あ	い	う	え	お
あ		あ A	い I	う U	え E	お O
か	K	か KA	き KI	く KU	け KE	こ KO
さ	S	さ SA	し SI	す SU	せ SE	そ SO
た	T	た TA	ち TI(CHI)	つ TU(TSU)	て TE	と TO
な	N	な NA	に NI	ぬ NU	ね NE	の NO
は	H	は HA	ひ HI	ふ HU(FU)	へ HE	ほ HO

ローマ字《じ》入力表《にゅうりょくひょう》の一部《いちぶ》

キーボード入力《にゅうりょく》はどんなときに役《やく》に立《た》つのだろう

「キーボードを上手《じょうず》に使《つか》えるようになったら，いろいろなことがとても楽《らく》になったよ。」

3 クラウドを 使《つか》う スキル

クラウドでできること

インターネットにつながっていれば，

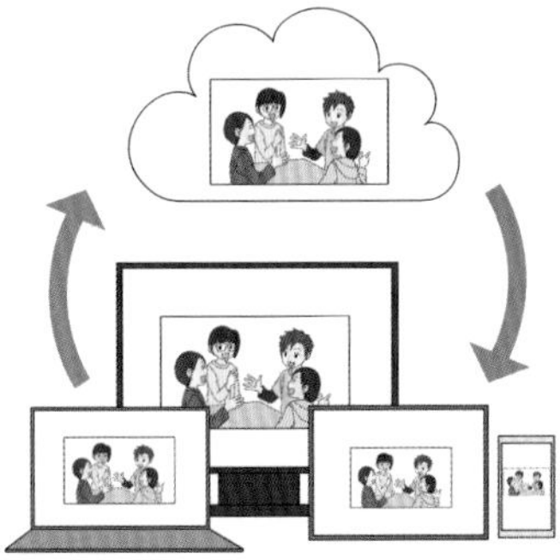

・いつでもどこからでも利用《りよう》可能《かのう》

・クラウドにあるアプリを利用《りよう》

・ファイルをほかの人《ひと》と共有《きょうゆう》

・一《ひと》つのファイルをみんなで編集《へんしゅう》

「最初《さいしょ》は難《むずか》しそうと思《おも》ったけれど，使《つか》ってみたら，とても便利《べんり》だったよ。」

クラウドを使《つか》ってみる

グループで共有《きょうゆう》してみる

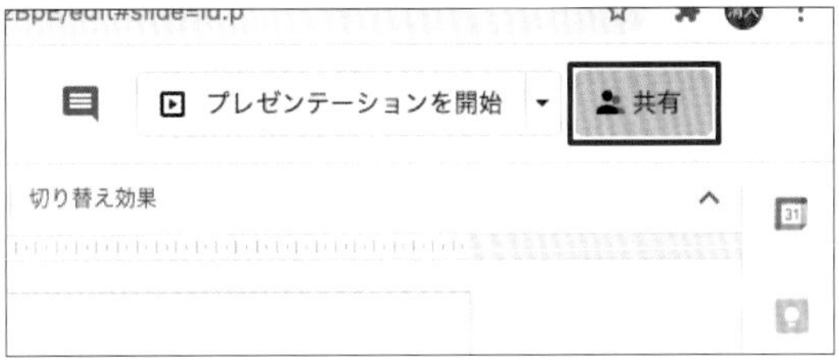

「みんなで同《おな》じファイルを使《つか》ってプレゼンのスライド作《づく》りをしたので，すぐに仕上《しあ》げることができたね。」

「クラウドを使《つか》って，グループのみんなと共同作業《きょうどうさぎょう》で，いろいろな行事《ぎょうじ》のかべ新聞《しんぶん》を作《つく》っているよ。」

4 情報《じょうほう》を集《あつ》めるスキル

インターネットで「検索《けんさく》」する言葉《ことば》を考《かんが》える

「バナナはどこの国《くに》でとれるのかな？」

↓　↓

バナナ□産地《さんち》　　🔍検索《けんさく》

└ひとマス空《あ》ける

事典《じてん》や図鑑《ずかん》で調《しら》べる

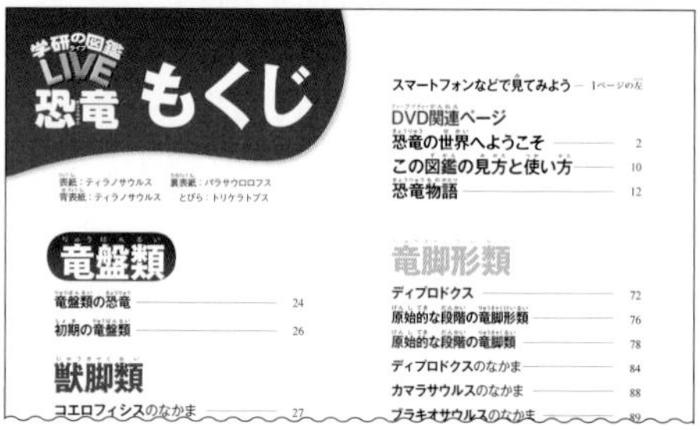

学研の図鑑 LIVE 恐竜 もくじ

表紙：ティラノサウルス　裏表紙：パラサウロロフス
背表紙：ティラノサウルス　とびら：トリケラトプス

スマートフォンなどで見てみよう ― 1ページの左

DVD関連ページ
恐竜の世界へようこそ ― 2
この図鑑の見方と使い方 ― 10
恐竜物語 ― 12

竜盤類
竜盤類の恐竜 ― 24
初期の竜盤類 ― 26

獣脚類
コエロフィシスのなかま ― 27

竜脚形類
ディプロドクス ― 72
原始的な段階の竜脚形類 ― 76
原始的な段階の竜脚類 ― 78
ディプロドクスのなかま ― 84
カマラサウルスのなかま ― 88
ブラキオサウルスのなかま ― 89

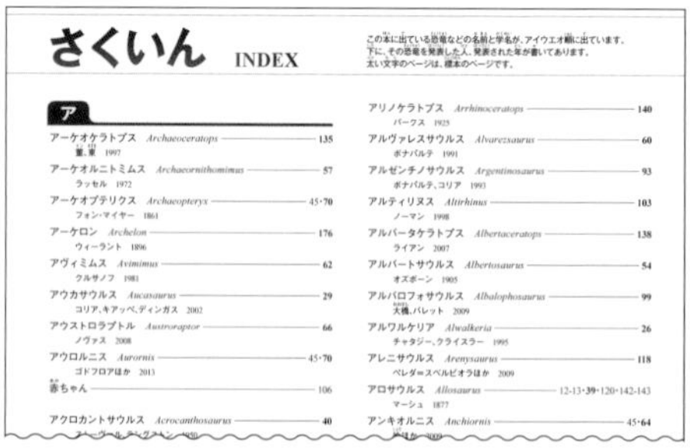

さくいん INDEX

この本に出ている恐竜などの名前と学名が、アイウエオ順に出ています。
下に、その恐竜を発表した人、発表された年が書いてあります。
太い文字のページは、標本のページです。

ア
アーケオケラトプス　*Archaeoceratops* ― 135
董、東　1997
アーケオルニトミムス　*Archaeornithomimus* ― 57
ラッセル　1972
アーケオプテリクス　*Archaeopteryx* ― 45・70
フォン・マイヤー　1861
アーケロン　*Archelon* ― 176
ウィーラント　1896
アヴィミムス　*Avimimus* ― 62
クルサノフ　1981
アウカサウルス　*Aucasaurus* ― 29
コリア、キアッペ、ディンガス　2002
アウストロラプトル　*Austroraptor* ― 66
ノヴァス　2008
アウロルニス　*Aurornis* ― 45・70
ゴドフロアほか　2013
赤ちゃん ― 106
アクロカントサウルス　*Acrocanthosaurus* ― 40
アリノケラトプス　*Arrhinoceratops* ― 140
パークス　1925
アルヴァレスサウルス　*Alvarezsaurus* ― 60
ボナパルテ　1991
アルゼンチノサウルス　*Argentinosaurus* ― 93
ボナパルテ、コリア　1993
アルティリヌス　*Altirhinus* ― 103
ノーマン　1998
アルバータケラトプス　*Albertaceratops* ― 138
ライアン　2007
アルバートサウルス　*Albertosaurus* ― 54
オズボーン　1905
アルバロフォサウルス　*Albalophosaurus* ― 99
大橋、バレット　2009
アルワルケリア　*Alwalkeria* ― 26
チャタジー、クライスラー　1995
アレニサウルス　*Arenysaurus* ― 118
ペレダ=スペルビオラほか　2009
アロサウルス　*Allosaurus* ― 12-13・39・120・142-143
マーシュ　1877
アンキオルニス　*Anchiornis* ― 45・64

「インターネットでの上手《じょうず》な調《しら》べ方《かた》が分《わ》かったよ。そのほかに，図書室《としょしつ》の百科事典《ひゃっかじてん》も使《つか》ったね。」

「百科事典《ひゃっかじてん》を使《つか》うときには，まず，目次《もくじ》や索引《さくいん》を見《み》るといいんだよね。」

5 情報《じょうほう》を読《よ》み取《と》るスキル

情報《じょうほう》を読《よ》み取《と》る

道路標識《どうろひょうしき》の情報《じょうほう》を読《よ》み取《と》る

ポスターの情報《じょうほう》を読《よ》み取《と》る

「情報《じょうほう》はいろいろなところにあるんだね。」

インターネットの情報《じょうほう》を読《よ》み取《と》る

「学校《がっこう》のWeb《ウェブ》ページには，いろいろな種類《しゅるい》の情報《じょうほう》がのっていることが分《わ》かったよ。」

6 情報《じょうほう》を整理《せいり》するスキル

付《ふ》せんで情報《じょうほう》を整理《せいり》する

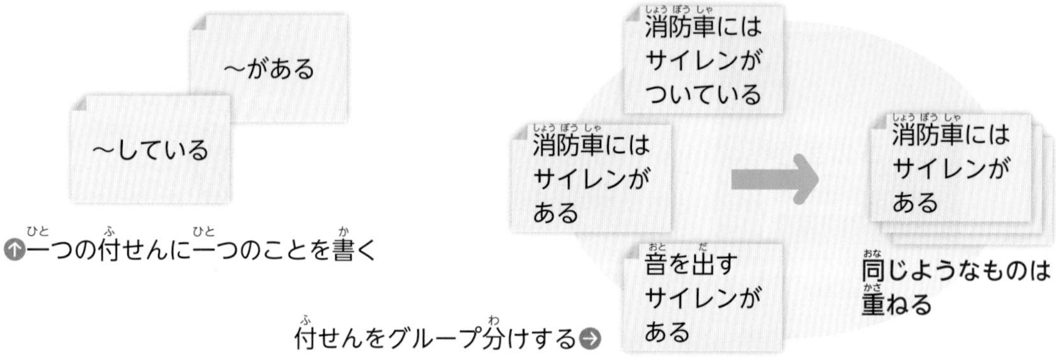

「付《ふ》せんを使《つか》ってみんなの考《かんが》えを整理《せいり》したよ。」

思考《しこう》ツールを使《つか》う

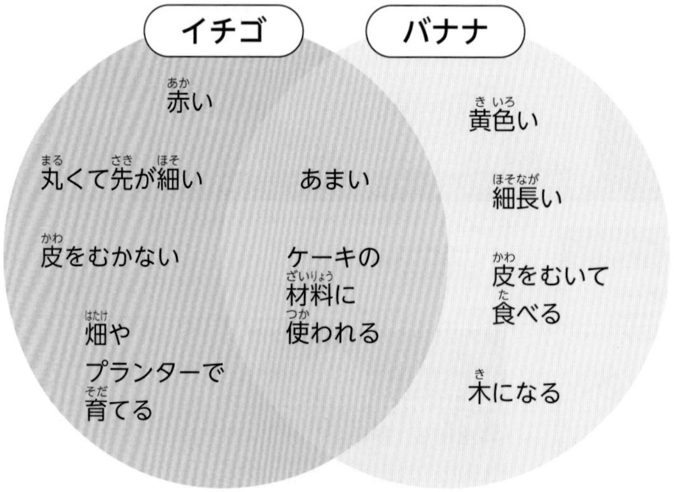

「思考《しこう》ツールを使《つか》って，ちがうところと共通《きょうつう》するところを整理《せいり》できたよ。」

7 表《ひょう》やグラフで表《あらわ》すスキル

表《ひょう》やグラフの特徴《とくちょう》

表《ひょう》1 人気《にんき》メニュー調《しら》べ（4年《ねん》2組《くみ》）

メニュー	人数《にんずう》
チャーハン	9
カレー	8
スパゲッティ	8
あげパン	4
合計《ごうけい》	29

↑表《ひょう》で表《あらわ》す

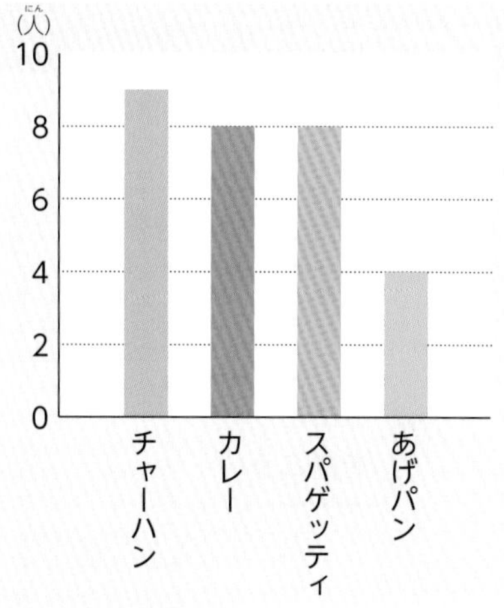

↑グラフで表《あらわ》す

「表《ひょう》やグラフにすると，好《す》きな給食《きゅうしょく》メニューが一目《ひとめ》で分《わ》かったよ。」

いろいろなグラフ

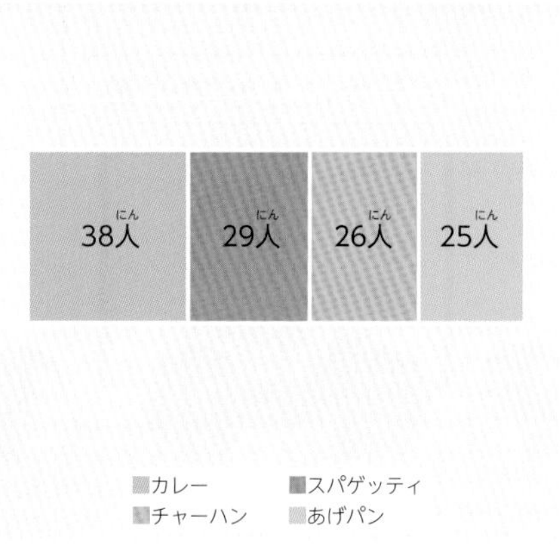

表《ひょう》やグラフで表《あらわ》す

リフティングの回数《かいすう》

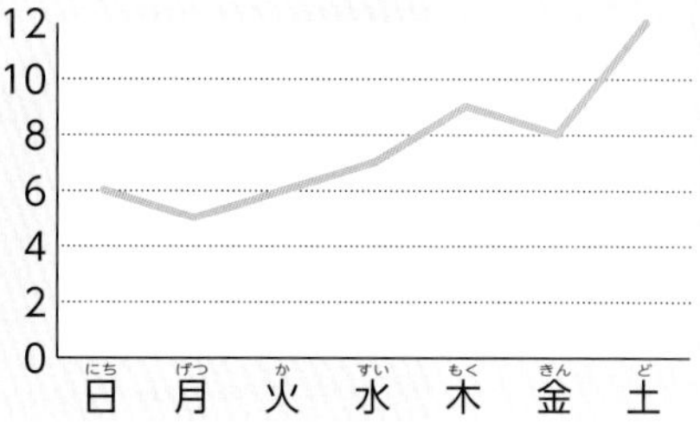

「調《しら》べた内容《ないよう》や目的《もくてき》によって，グラフの種類《しゅるい》を使《つか》い分《わ》けることが分《わ》かったよ。」

8 プレゼンのスキル

スピーチをする

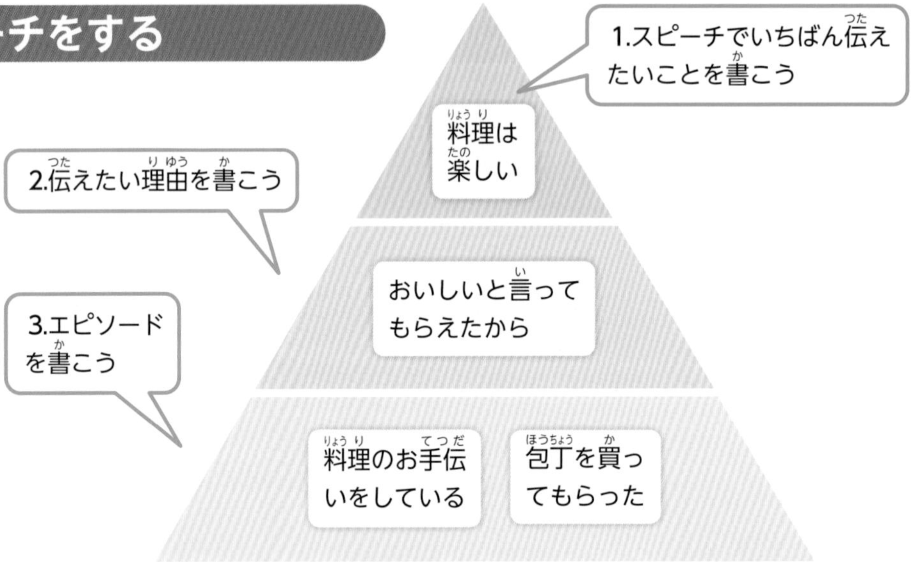

「ピラミッドチャートを使《つか》ってスピーチの構成《こうせい》を考《かんが》えたよ。」

スライドを作《つく》る

プレゼンをする

「プレゼンの練習《れんしゅう》をして，伝《つた》えたいことがみんなに伝《つた》わるように，スライドを何度《なんど》も直《なお》したよ。」

9 いろいろな方《ほう》法《ほう》で伝《つた》えるスキル

調《しら》べたことをまとめる手順《てじゅん》

テーマを決《き》める→計画《けいかく》を立《た》てる→調《しら》べる→まとめる

レポートにまとめる

◉レポートの組《く》み立《た》て

1．研究《けんきゅう》テーマ
2．調《しら》べた理《り》由《ゆう》や目《もく》的《てき》
3．調《しら》べた方法《ほうほう》
4．結果《けっか》
5．結果《けっか》から分《わ》かったことや考《かんが》えたこと
6．書《か》くときに参考《さんこう》にしたもの

いろいろな伝《つた》え方《かた》を知《し》る（ポスター／ガイドブック）

「調《しら》べたことをレポートにまとめたよ。ほかの伝《つた》え方《かた》もしてみたいな。」

10 SNS《エスエヌエス》を使《つか》うスキル

SNS《エスエヌエス》について知《し》る

←日本《にほん》でよく使《つか》われているSNS《エスエヌエス》

SNS《エスエヌエス》でできること

↑SNS《エスエヌエス》の公開範囲《こうかいはんい》

「SNS《エスエヌエス》ってどんなものなのかがわかったよ。」

「SNS《エスエヌエス》は，暮《く》らしに欠《か》かせないものになっているんだね。」

SNS《エスエヌエス》で伝《つた》える

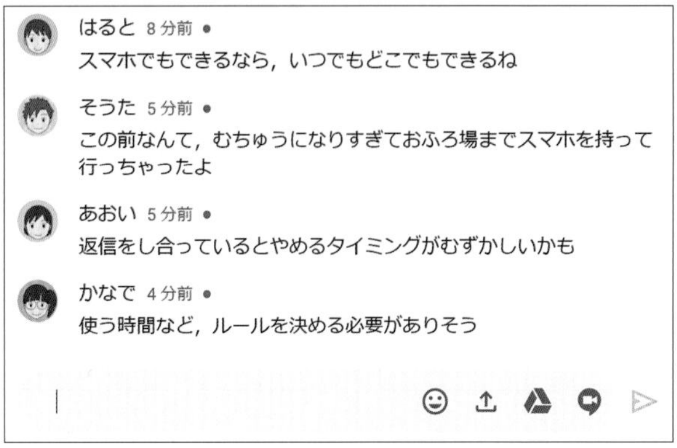

「みんなでチャットでやりとりをしたね。」

11 プログラミングのスキル

プログラムで動《うご》いているものを調《しら》べよう

⬆自動販売機《じどうはんばいき》

⬆お掃除《そうじ》ロボット

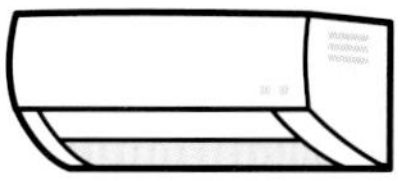
⬆エアコン

⬆洗濯機《せんたくき》

「いろいろなものがプログラムで動《うご》いていることが分《わ》かって，びっくりしたよ。」

取《と》り組《く》みやすいプログラミングの例《れい》

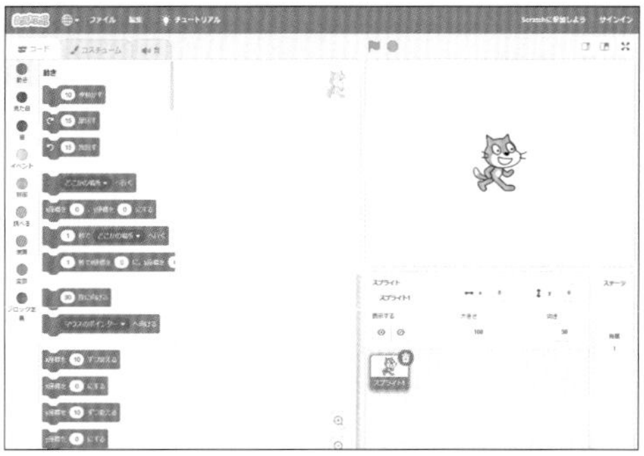
⬆Scratch

「プログラムが思《おも》うように動《うご》いたときはうれしかったな。」

プログラミングに挑戦《ちょうせん》

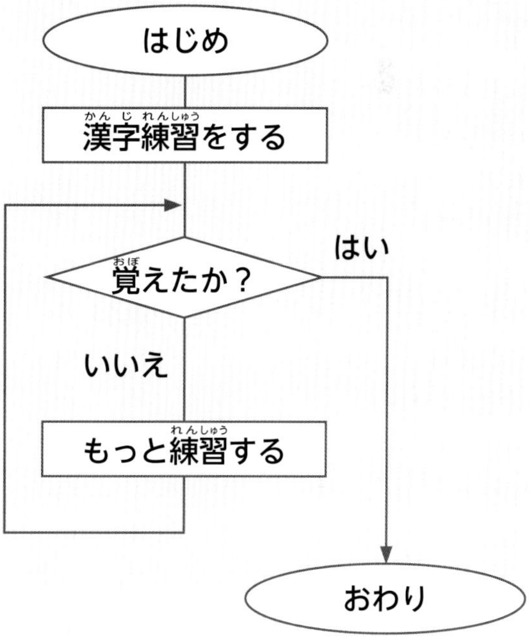

さくいん INDEX

この本《ほん》に登場《とうじょう》した言葉《ことば》の数々《かずかず》です。
どのページにのっているか，どんな内容《ないよう》だったか調《しら》べたいときに便利《べんり》です。

さくいん INDEX

【表紙・本文デザイン】 増子文
【表紙ミニチュア写真】 田中達也
【本文製作】 明昌堂
【口絵】 川添むつみ
【さし絵】 ヤマネアヤ／アート工房
【写真提供・協力】 Amazon／オリィ研究所／クボタ／Google LLC／実業之日本社（『金儲けのレシピ』事業者bot）／スイッチエデュケーション／スズキ教育ソフト／ソニービジネスソリューション／日経BP／ピクスタ／LINE／ローソン